Catering Services
and Digital Operations

餐饮服务
与数字化运营

主　编　吴阿娜

副主编　仲崇奕

参　编　王欣蕾　杨　清　贾志颖

主　审　肖伟民　李雪娜

机械工业出版社

CHINA MACHINE PRESS

本教材根据酒店管理与数字化运营专业人才培养目标进行定位，融入《国家职业技能标准》对餐饮服务人员的技能要求，按照应用导向、能力导向要求，优化设计教材内容与结构，将产教融合和课程思政等理念融入教材。

本教材由餐饮服务概述、基本餐饮服务、中餐服务、西餐服务、餐饮原料管理和价格管理、餐饮信息管理和系统应用以及餐饮数字化运营 7 个项目、28 个学习任务组成。内容规范、定义准确、操作符合行业标准，具有较强的系统性、科学性和实用性。

本书配有电子课件，凡使用本书作为教材的教师可登录机械工业出版社教育服务网 www.cmpedu.com 下载。咨询电话：010-88379375。

图书在版编目（CIP）数据

餐饮服务与数字化运营 / 吴阿娜主编. —北京：
机械工业出版社，2023.11
中国特色高水平高职学校项目建设成果
ISBN 978-7-111-74464-1

Ⅰ. ①餐… Ⅱ. ①吴… Ⅲ. ①数字技术 – 应用 – 饮食
业 – 商业服务 – 高等职业教育 – 教材 Ⅳ. ① F719.3-39

中国国家版本馆 CIP 数据核字（2023）第 244461 号

机械工业出版社（北京市百万庄大街 22 号 邮政编码 100037）
策划编辑：杨晓昱 责任编辑：杨晓昱 邢小兵
责任校对：郑 婕 梁 静 封面设计：张 静
责任印制：刘 媛
涿州市般润文化传播有限公司印刷
2024 年 3 月第 1 版第 1 次印刷
184mm×260mm·10.5 印张·238 千字
标准书号：ISBN 978-7-111-74464-1
定价：39.80 元

电话服务 网络服务
客服电话：010-88361066 机 工 官 网：www.cmpbook.com
　　　　　010-88379833 机 工 官 博：weibo.com/cmp1952
　　　　　010-68326294 金 书 网：www.golden-book.com
封底无防伪标均为盗版 机工教育服务网：www.cmpedu.com

新百年、新征程，发展职业教育的重要性和紧迫性，在党的二十大报告里已经得到清晰表述。党的二十大报告关于职业教育也提出了"科教融汇"的概念，就是科技赋能职业教育，或者说是数字化赋能职业教育。这意味着职业教育的提升和发展一定要紧跟科技的步伐。2022年，教育部提出实施教育数字化战略行动。数字化教育、智慧教育是一个新的探索点，是2035年实现教育现代化的一个重要引擎。2021年召开的全国职业教育大会彰显了党和国家对职业教育发展的重视，标志着我国职业教育发展迎来了又一个春天。习近平总书记作出了重要指示，强调要加快构建现代职业教育体系，培养更多高素质技术技能人才、能工巧匠、大国工匠。同年，教育部对职业教育专业目录进行全面修订，并发布《职业教育专业目录（2021年）》。

在新版专业目录中，原高职"酒店管理"专业更名为"酒店管理与数字化运营"专业，这次更名意味着专业的重大转型。同时《高等职业学校酒店管理与数字化运营专业教学标准（2022）》中，原专业基础课程更名为"酒店数字化运营概论"，原四门专业核心课程分别更名为"前厅服务与数字化运营""客房服务与数字化运营""餐饮服务与数字化运营""酒店数字化营销"。这意味着，今后我们必须根据新专业教学标准，梳理酒店管理与数字化运营专业课程，更新课程内容和学习任务，服务于数字化、技能型社会建设。

面对专业的重大转型和课程内容的重大调整，开发和编写融入数字化运营内容的"餐饮服务与数字化运营"教材成为我们编写团队面临的前所未有的挑战。第一，虽然教材市场上"餐饮服务与管理"的教材比比皆是，但是由于专业和课程刚刚更名不久，涉及餐饮数字化运营内容的教材寥寥无几，可参考和借鉴的素材更是少之又少；第二，"餐饮服务与数字化运营"是职业教育酒店管理与数字化运营专业数字化升级比较具有代表性的课程，这本教材不仅要囊括数字化运营的新知识、新技术、新流程、新规范，还需要考虑如何帮助使用本教材的教师从传统的传授餐饮服务技能的教学思维，顺利转换到餐饮数字化运营的新教学设计和实践中。

面对上述挑战，我们精心挑选了编写团队成员，包括常年在高职院校从事餐饮服务与管理实践教学和指导餐饮职业技能大赛且经验丰富的资深教师、多年在高职院校从事酒店和餐饮虚拟仿真教学的实训教师、从事数字营销课程教学的教师、在酒店业具有数十年酒店管理信息系统实战经验的专家等。多元化的专业背景使得本教材具有较为全面和丰富的内容。

本教材根据酒店管理与数字化运营专业人才培养目标进行定位，融入《国家职业技能标准》中对餐饮服务人员的技能要求，按照应用导向、能力导向要求，优化设计教材内容结构，将工学结合、产教融合和课程思政等理念融入教材。面向多元化生源，研究酒店数字化运营的职业特点及人才培养规格，突破传统教材框架，探索高职学生易于接受的学习模式和内容体系，体现新时代高职专业的特色。本教材由餐饮服务概述、基本餐饮服务、中餐服务、西餐服务、餐饮原料管理和价格管理、餐饮信息管理和系统应用以及餐饮数字化运营 7 个项目、28 个学习任务组成。教材所涉及的餐饮服务与数字化运营内容规范、定义准确、操作明细，符合行业标准，具有较强的系统性、科学性和实用性。

本教材设置了项目导入、学习目标、项目实施、项目总结以及项目实训等模块。

项目导入：给出特定情境，使学生了解项目的主要工作任务及技能，整体把握本项目的框架。

学习目标：依据《国家职业技能标准》对餐饮知识、技能要求和餐饮信息化技术、数字化运营的要求，让学生明确学习的方向，便于学生检验学习结果是否达到预期效果。

项目实施：本模块包含若干个任务，每个任务包括三个部分：一是任务要求，明确提出了任务要求，引导学生开展实践。二是知识链接，以学习目标为依据，选取重要知识点，帮助学生理解相关的理论知识。三是任务实施，以工作过程为导向，帮助学生梳理工作过程，掌握核心技能。

项目总结：对本项目进行简短总结，帮助学生整体回顾本项目学习内容。

项目实训：围绕学习目标和学习内容，设计综合实训任务，以巩固学习成果。

本教材具有如下特色。

1. 以立德树人为根本

本教材落实立德树人根本任务，依据餐饮行业真实的工作任务，深入挖掘知识与技能中的思政元素，如弘扬劳动光荣、技能宝贵、创造伟大的时代风尚，强调安全、绿色、以人为本的职业素养的提升，正确引导学生坚持社会主义核心价值观。

2. 以国家职业技能标准为依托

依据《国家职业技能标准》中三级餐饮服务人员（高级工）的职业要求，规划设计教材的框架结构；揣摩吸收标准中的具体工作内容，结合企业实际，重构任务模块。将国家职业技能标准与岗位实践技能相结合，二者相辅相成，同向同行，规范学生技能操作，提高学生的就业竞争力。

3. 以培养数字化技能人才为目标

目前，职业院校中非常熟悉酒店数字化运营的教师较为缺乏，同时酒店业也急需懂数字化运营的高级技术人才，这已经成为酒店行业在数字化管理进程中的最大阻碍，也是职业教育酒店管理数字化运营专业亟待解决的头号任务。在信息化、数字化、智能化叠加的新时代，"酒店管理与数字化运营"专业的更名不仅是顺应时代发展的需要，也要求我们职业院校为促进酒店产业数字化和智能化发展提供技术和人才支撑。

4. 以产教融合、校企双元为基础

本教材邀请酒店行业一线专家进行指导和把关，构建项目、整合任务，总结多年开展现代学徒制试点经验，依据校企合作机制，实施"人才共育、过程共管、责任共担"。

本教材由哈尔滨职业技术学院的吴阿娜、仲崇奕、王欣蕾、杨清和贾志颖编写。具体编写分工如下：项目一由杨清编写，项目二由仲崇奕编写，项目三由王欣蕾编写，项目五由贾志颖编写，项目四、项目六和项目七由吴阿娜编写。所有编者均参与制作相关微课和课件。吴阿娜对全书进行了统稿、修改和校对。哈尔滨松北融创皇冠假日酒店李雪娜负责审核教材中企业制度、专业图表等内容，哈尔滨职业技术学院现代服务学院教学总管肖伟民负责审核教材体例。本教材在编写过程中，参考和引用了许多国内外专家和学者的最新研究成果和技术文献，借鉴了许多专家学者的观点，在此深表谢意。

本教材适合作为职业教育本科和专科的酒店管理与数字化运营专业、旅游管理和国际邮轮乘务管理等专业用书，也可作为开展各类社会职业技能培训和酒店餐饮企业员工培训的参考用书。

由于编者水平有限，教材难免有不足和欠缺之处，敬请专家和读者批评指正，以便我们今后改进和提高。

编　者

二维码清单

名称	二维码	名称	二维码
微课 1 餐饮预订		微课 10 西餐摆台规则	
微课 2 宴会预订		微课 11 正式西餐摆台	
微课 3 台布铺设		微课 12 基本西餐摆台与自助餐摆台	
微课 4 餐巾折花		微课 13 西餐酒水知识和侍酒服务 1	
微课 5 托盘使用		微课 14 西餐酒水知识和侍酒服务 2	
微课 6 餐前服务流程		微课 15 食物的保存	
微课 7 中餐餐桌礼仪		微课 16 原料采购数量控制	
微课 8 中式零点服务		微课 17 餐饮定价目标	
微课 9 中餐宴会服务			

目 录

前言
二维码清单

项目一 ▶ **餐饮服务概述**

 **项目导入**

　　餐饮业是一个历史悠久、充满活力且具有现代气息的行业。餐饮业发展的不同阶段都有不同的发展特点，每个发展阶段也有独特的表现内容。餐饮业不仅仅以吃为主，还加入了更加多元化的体验，与时代发展密切相关，并已经成为集住宿、餐饮、休闲、商务、会议、展销、购物等于一体的功能齐全的综合性服务行业。餐饮产品作为饮食文化的载体之一，已经成为所在城市和区域旅游资源的重要组成部分。

学习目标

1. 能复述餐饮业的基本概念、特征及其发展趋势。
2. 能复述餐饮服务和餐饮管理的基本概念。
3. 能概括餐饮业发展过程中形成的文化及特点。
4. 能陈述餐饮组织结构各项要点。
5. 能描述餐饮从业人员的基本礼仪要求。
6. 能应用语言、身体语言等餐饮服技能。

🥣 **项目实施**

任务 **1** 初识餐饮业

🍲 | **任务要求**

古人云：民以食为天。在漫长的社会发展过程中，人们注重吃的形式、美感和意义，把饮食作为整个生活方式的一部分，赋予其文化形式和内涵；从某种意义上说，饮食已经超越了饮食本身，并已形成了竞争性的社会关系。健康绿色的餐饮消费理念日益深入人心，人们越来越追求食品的卫生与营养，更加注重健康、合理的膳食习惯。未来餐饮业的发展走向如何，这是我们作为未来餐饮业从业人员不得不思考的问题。

知古方能鉴今，现在我们一起开始本次任务的学习，系统了解餐饮业、餐饮企业等相关概念，掌握餐饮业的基本特征，学习餐饮业的发展历史和不同历史时期的饮食特征，分析餐饮业不同历史时期的特征，掌握餐饮业的发展规律，更好地把握餐饮业发展趋势。

🍹 | **知识链接**

一、餐饮业的内涵

餐饮业是指有目的、有组织地向社会提供餐饮产品及相关服务，并以此来获取经济效益与社会效益的第三产业。按照联合国相关机构制定的《国际标准行业分类》的定义，餐饮业是指以商业盈利为目的的餐饮服务机构；根据中国国家统计局《国民经济行业分类》的定义，餐饮业是指通过即时制作加工、商业销售和服务性劳动等，向消费者提供食品和消费场所及设施的服务性行业。

总的来说，餐饮业经营有以下几个基本条件：

（1）特定的经营场所 餐饮业一般都有自己独立的经营场所，有接待顾客所需的空间、设施。

（2）现场加工生产 餐饮业对食物进行现场加工、生产，提供可食用的菜品、点心、饮料、酒水等。

（3）提供服务活动 餐饮业是提供服务活动的行业。

（4）以盈利为目的 以盈利为目的，即餐饮服务组织的企业性。

二、餐饮消费及餐饮产品

当今社会人们在政治、经济、旅游、商贸、科技、文化等方面的交流日益频繁。商务宴请、旅游餐饮消费都已经成为主要的餐饮消费形式。同时，人们对营养、出行和服务以及更高层次的饮食文化的要求也越来越高……种种因素促使现代餐饮业正朝着透明化、集团化、多元化、特色化的方向发展。

餐饮消费具有鲜明的特点。餐饮企业经营管理的指导思想很大程度上受客源市场的特点的影响。因此，餐饮消费市场具备以下特征：餐饮消费理性化、顾客消费的零星性、餐饮消费多层次性、消费行为的可诱导性。

餐饮产品是指餐饮企业向社会提供的，并且能满足人们需要的实物产品和无形服务的总称，包括产品的色彩、形状、构成、质量、服务等。餐饮产品具有以下重要特征：①日常消费性：客源市场的广泛性，决定了餐饮产品具备日常消费性。②地域性、文化性：产品风味带有民族性和地方性。③即时性：生产、销售具有即时性特点，产品具有不可贮存性。④产品质量的不稳定性：生产、服务的手工性导致产品质量不稳定。⑤无形性：顾客体验的产品服务是无形的。⑥同步性：要求工艺流程的高度配合。

三、我国餐饮业的历史与发展

我国餐饮具有悠久的历史、灿烂的文化，是中华文明的重要组成部分。中餐色、香、味、形、器俱佳，品种繁多，风味独特，具有鲜明的民族色彩。随着社会、经济的发展，我国餐饮业也伴随着历史的推进而发展，菜品日益增多、服务日臻精良、规模不断扩大、内涵越发丰富。

1. 先古时期的饮食活动

根据考古发现，大约在80万年前，我们的祖先就已经开始用火来加工、烧烤食物并用来取暖驱寒。大约六七千年前，开始大面积种植水稻并饲养牲畜。这些最初的食物生产为餐饮业的形成奠定了物质基础。

2. 早期的聚餐形式——筵席

筵席是最早的聚餐形式。汉唐以前的古人，就餐时全部是席地而坐。古人将铺在下面的大席子称为"筵"，将每人一座的小席子称为"席"，合起来就叫"筵席"。筵席包括席桌上的酒菜配置以及酒菜的上法、吃法、陈设等。后来筵席又含有进行隆重、正规宴饮的意思，现专指酒席。

3. 独立的餐饮行业出现

在夏商周时期，餐饮逐渐发展为一个独立的行业，菜肴丰富、精致，有烹调食谱，就餐礼仪讲究，并出现了音乐助餐，同时设立了专职服务机构。夏朝宫廷里已设有"庖正"职位，负责掌管饮食；周朝有"膳夫"专门负责制作菜肴，"酒人"专门负责造酒，"浆人"负责调制饮料，"幂人"专管餐具卫生。

4. 汉代餐饮业新发展

自汉代以来，餐饮业有了很大发展。汉朝与西域的通商贸易使西部少数民族的饮食习俗传入中原，又将中原的饮食文化带至西部。中原和少数民族文化相互渗透、混杂成市，饮食习惯相互影响。汉代《盐铁论》记载："熟食遍地、肴旅成市"，表明那个时候熟食店铺已非常普遍了。

5. 唐宋时期餐饮业的繁荣发展

唐宋时期，由于社会稳定、经济繁荣发展，饮食店铺遍布全国各地。李白在《金陵酒肆留别》一诗中写道"吴姬压酒唤客尝"，吴姬就是当时江浙一带在酒店内做服务工作的侍女。这是我国餐饮史上的黄金时期之一，这一时期食源食材增加瓷器餐具风行、工艺菜品新兴、风味流派显现、烹饪技法长进、热菜制作成熟、服务技艺更加高超。

6. 晚清时期餐饮业的发展高峰

餐饮业发展到清朝，无论是宫廷饮食、贵族饮食、官府饮食还是民间饮食、民族饮食等，都出现了蓬勃发展的趋势。这一时期的饮食文化呈现出一种南北融合的特征，如满汉全席的出现就是这一时期的典型代表，标志着饮食文化达到又一高峰。到了清朝末期，西餐开始进入我国，部分沿海城市出现西餐馆，同时中式饭馆在海外的发展也形成规模。

✎│**任务实施**

结合专业实际，阐述对餐饮业及餐饮企业的理解，并总结餐饮服务的基本特征。

一、餐饮业及餐饮企业

餐饮业是指有目的、有组织地向社会提供餐饮产品及相关服务，并以此来获取经济效益与社会效益的第三产业。餐饮业需要有自己的经营场所、对食物进行现场加工、生产并提供相应的服务。

餐饮企业指凭借特定的场所和设施为顾客提供餐饮产品及服务的经济实体。餐饮企业以盈利为目的，有接待顾客所需的空间和设施、能向顾客提供食品饮料以及相应的服务。

二、餐饮服务的基本特征

1. 一次性

餐饮服务只能一次使用、当场享受，也就是说只有当顾客进入餐厅后服务才能进行，当顾客离店时，服务也就自然终止。

2. 无形性

餐饮服务在效用上具有无形性，它不同于水果、蔬菜等有形产品，可以从色泽、大小、形状等就能判别其质量好坏。餐饮服务只能通过就餐顾客购买、消费、享受服务之后所得到的亲身感受来评价。

3. 差异性

餐饮服务的差异性，一方面是指餐饮服务是由餐饮部门服务人员通过手工劳动来完成的，而每位服务人员由于年龄、性别、性格、素质和文化程度等方面的不同，他们为顾客提供的餐饮服务也不尽相同；另一方面，同一服务人员在不同的场合、不同的时间或面对不同的顾客，其服务态度和服务方式也会有一定的差异。

4. 直接性

一般的工业或农业产品生产出来后，大都要经过多个流通环节，才能达到消费者手中。在生产环节，质量检验不合格的产品可以返工；在消费环节，消费者不满意的商品可以不去问津或购买后退换。而餐饮产品则不同，它的生产、销售、消费几乎是同步进行的，因而生产者与消费者之间是当面服务、当面消费。

三、现代餐饮业的发展趋势

随着东西方饮食文化的交汇，国内经济环境的改善，人们生活方式、价值观念的改变，餐饮业已由昔日仅向顾客提供用餐服务的场所，逐渐成为人们社交宴请的场所。因此，餐饮业的发展要适应现代人的餐饮需求。

1. 消费观念升级

随着社会的进步，传统消费观念中"解决温饱"的饮食消费取向开始淡化，消费观念从量的追求转变为质的追求，并开始重视消费服务带来的心理上的满足。消费者不仅要吃得饱，还要吃得绿色、有营养、有品质。

2. 社会餐馆和星级酒店形成互补格局

目前，社会餐馆无论从规模上，还是形象上都发生了深刻的变化。灵活的运营机制、有效的成本控制管理、随行就市的价格体系、鲜明的产品特色、快速的菜点翻新、便捷灵活的服务模式等特点使之跻身于现代餐饮市场。社会餐馆则向专业化、规范化努力，与星级酒店形成互补且竞争的格局。

3. 各种餐饮文化相互交融

随着社会经济、文化、政治等交流的日益增强，餐饮业也呈现出古今餐饮、中西餐饮、南北餐饮相互交融的景象。各类新式菜品层出不穷，不同的餐饮文化相互碰撞、交流，并得到创新与发展。

4. 突出主题餐饮

在知识经济时代，文化回归同样反映在餐饮上，如何创造富有文化性的餐饮品牌，已成为餐饮企业关注的焦点。主题餐饮便应运而生，即围绕既定的主题来营造餐厅的经营气氛，如梁山宴、红楼宴、满汉全席、异域餐饮等，并深受人们喜爱。

5. 餐饮、休闲融为一体

由于消费者消费意识觉醒、消费需求增加，休闲开始注入餐饮市场。餐饮与表演、音乐、运动、书画欣赏等相结合，如茶吧、音乐吧、布艺吧、玩具吧、书吧、咖啡吧、网吧、舞吧、影吧、陶吧、首饰吧、特饮屋等。各种休闲餐饮形式的出现，不仅扩大了餐饮服务的特色，而且赋予了餐饮场所新的功能，使其日益成为社会交际、商务洽谈、联络感情的平台，为酒店带来了全新的发展契机。

我国饮食文化源远流长、博大精深，具有浓烈的民族风情和文化特色，如今更是进入了一个崭新的历史时期。餐饮业提供的各种餐饮产品，从菜系历史之悠久、食品种类之繁多、烹饪技术之精湛、加工配料之讲究、色香味形之丰富、雕刻造型之逼真，到餐厅环境之优雅、餐具用品之别致、餐饮设施之先进，都达到了一个新的高度。国内外广大消费者在品尝各种菜肴的同时，还能领略中国各地的诗文化、酒文化、茶文化等，了解与饮食相关的人物故事、文献典籍、文学艺术、历史典故、诗文佳作等，增长阅历，陶冶情操。

任务 2 餐饮管理认知

任务要求

如家酒店在全国 300 个城市拥有近 2000 家酒店多次获得"中国最佳经济型连锁酒店品牌"殊荣。如家酒店的每一个门店从店长到最基层的员工只有三个级别：店长作为酒店的最高负责人，是第一个级别；值班经理、店长助理、客房主管组成管理团队，构成第二个级别；基层员工是第三个级别。在管理上，如家酒店没有复杂的内部流程，不设置专门的销售部、营运维护部等其他酒店常见的部门，但在运营上却获得了成功，你知道为什么吗？

通过完成本任务的学习，我们将会对餐饮管理中职能和餐饮经营组织有新的认知。通过分析餐饮经营组织原则，掌握餐饮企业的组织结构，明确餐饮经营管理人员的职责，做好餐饮企业组织结构设计，对现有大中型酒店组织结构进行深度分析，并对存在的问题提出改进意见。

知识链接

一、餐饮管理的职能

餐饮管理是指在了解市场需求的前提下，为了有效实现餐饮企业的既定目标，遵循一定的原则，运用各种管理方法，对餐饮企业所拥有的人力、财力、物力、时间、信息等资源进行计划、组织、指挥、协调和控制等一系列活动的总和。

1. 计划

计划职能是指餐饮企业通过详细的、科学的调查研究，对市场进行分析、预测，并做出决策，以此为基础确定未来某一时期内企业的发展目标，规定实现目标的途径、方法的管理活动。计划的制订主要包括以下两个步骤：分析经营环境，设定管理目标；发挥规划功能，合理分配资源。

2. 组织

组织职能是指为了有效地达成组织目标，在人群中建立权力流程和沟通体系的管理活动。通过有效组织，明确各项任务之间的关系，设计合理的餐饮组织机构，编制定员，建立健全管理制度，建立信息沟通体系，建立业务和管理培训制度。

3. 指挥

指挥职能是指管理者将有利于餐饮目标实现的指令下达给下属，使之服从并付诸行动的一种反映上下级关系的管理活动。指挥的主要工作内容包括：划分管理层次，明确权力关系，建立有效的指挥制度和系统；确定层级关系，实行统一指挥；运用有效的激励手段，调动员工的积极性。

4. 协调

协调职能是指通过分派工作任务，组织人员和资源去实现企业目标，对餐饮企业内外出现的各种不和谐的现象采取的调整联络等措施的管理活动。餐饮协调工作包括：外部协调，即处理好与顾客之间的关系和与社会各界的关系；内部协调，包括餐厅内部纵向协调和横向协调。

5. 控制

控制职能是指把餐厅各部门、各环节的活动约束在计划要求的轨道上，即对照计划来检查并纠正实际执行情况，以确保目标任务完成的管理活动。

二、餐饮管理的目标与内容

1. 餐饮管理的目标

无论是实现效益目标还是品牌目标，餐饮管理的目标都是为了直接或间接地获得经济效益。餐饮企业经营管理的内容应通过有效地利用人力、物力、财力和信息等生产要素，即资源的优化配置，使其产生更大的价值，以此实现餐饮企业的经营目标。同时依据自己的市场定位和经营策略，为顾客提供优质的餐饮产品和服务。餐饮管理的目标包括：营造怡人的进餐环境、供应可口的菜点酒水、提供优质的对客服务。

2. 餐饮管理的内容

餐饮管理是一个从客源组织、食品原材料采购、厨房生产加工到餐厅销售服务的系统管理过程。餐饮管理的内容主要包括以下几项：餐饮企业人力资源管理、经营效益管理、物资原料管理、产品质量管理、工作程序管理、安全卫生管理、经营风险与创新管理。

三、餐饮企业的组织结构

组织结构是组织功能发挥的载体，合理的组织结构可以保障餐饮企业经营系统的良性运作，因此餐饮企业组织结构的设置必须有利于提高组织的工作效率，保证餐饮企业各项工作能协调有序地进行。这就要求餐饮企业在设计组织结构时，必须考虑怎样的组织结构才能最有效地保证其战略目标的实现、怎样的分工协作才能保证组织的高效率运转、如何进行集权与分权的安排、怎样才能调动员工的积极性和潜在能力、怎样才能适应不断深入的改革趋势等问题。

餐饮企业组织结构是为筹划和组织餐饮产品的产供销活动、满足顾客消费需求、获得良好经济效益而成立的一种专业性业务管理机构。餐饮部作为餐饮企业中的重要营业部门，管辖面广、营业区域散、服务环节多、管理过程长、员工数量多、文化差异大。因此，建立合理、科学、有效的组织结构是做好餐饮服务和经营管理的基本前提和保障。

餐饮企业的组织结构，根据各企业的具体情况的不同而不尽相同。但无论机构如何设置，均需体现组织设计的基本原则和要求：精简有效原则、统一指挥原则、管理幅度原则权责对等原则、分工协调原则，要明确各个部门和各个工作岗位的权责，直观反映岗位向上对谁负责、向下对谁指挥。

（一）餐饮企业组织结构类型

餐饮企业组织结构的类型，按照企业的经营特点及组织设计原则，主要有直线制组织结构、直线职能制组织结构、事业部制组织结构三种基本形式。

1. 直线制组织结构

直线制组织结构（见图1-1）是出现最早、最简单的一种组织结构形式。其特点是企业内各种机构和部门按照纵向系统直线排列，形成自上而下的指挥系统，每个下级只接受一个上级的直接领导。这种形式一般只适用于规模较小、员工人数不多的小型餐饮企业。

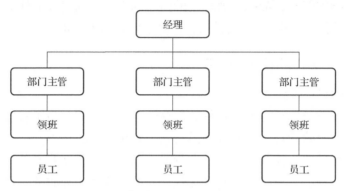

图1-1　餐饮企业直线制组织结构

这种组织结构形式的优点是：第一，结构简单，决策迅速；第二，职责清楚，权限明确，责任心强；第三，权力集中，上下联系简捷，有利于统一指挥、提高组织效率。

其缺点是：第一，要求餐饮企业经营管理人员具有全面的经营管理知识和业务能力，并具有较强的综合协调能力和指挥能力；第二，由于集权过多，缺乏横向的协调和配合，一旦企业经营规模扩大或产生复杂问题，就会出现不适应状况。

2. 直线职能制组织结构

直线职能制组织结构是在"直线制"和"职能制"的组织结构基础上发展而来的，以纵向统一指挥为主，职能参谋为辅，如图1-2所示。直线职能制组织结构的主要特点是既保持了纵向系统的统一指挥优点，又充分发挥了职能参谋部门的作用，从而提高了现代企业的经营管理效率和水平。如今，我国大多数餐饮企业都采取这种组织结构形式。

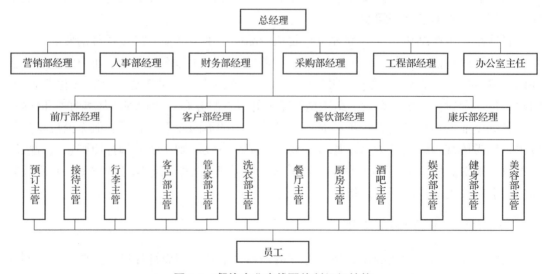

图1-2　餐饮企业直线职能制组织结构

这种组织结构形式的优点是：第一，既有利于整个餐饮企业的统一指挥，又能充分发挥职能部门专业化管理的作用，从而提高经营管理水平；第二，有利于加强直线行政领导的权威，提高餐饮企业经营活动的有效性和高效性；第三，有利于突出餐饮企业经营管理的主次，发挥专业管理人员的作用，提高餐饮企业专业管理水平；第四，有利于培养具有较强行政指挥能力的综合管理人员，特别是餐饮企业总经理、部门经理层的管理人员。

其缺点是：第一，行政领导容易包揽一切事务，而职能管理部门的作用发挥不充分，各职能部门之间横向沟通和协调性差；第二，在业务指导上直线领导与职能部门会出现一定的矛盾冲突。特别是当餐饮企业经营规模进一步扩大、市场竞争剧烈、经营情况复杂时，这种形式会明显地不适应餐饮企业经营发展的需要。

3.事业部制组织结构

事业部制组织结构（见图 1-3）的特点是在总经理统一领导下，把餐饮企业各经营部门划分成若干相对独立的经营单位，授予相应的权力，独立从事经营活动，是一种实行集中决策、分散经营的分权组织结构。目前，国外的大型企业普遍采用这种组织结构形式，我国的一些餐饮企业或餐饮集团也采取这种组织结构形式。

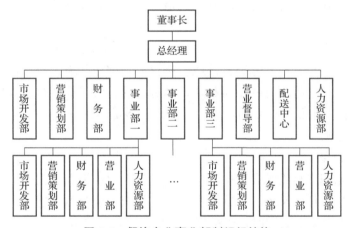

图 1-3 餐饮企业事业部制组织结构

这种组织结构形式的优点是：第一，有利于餐饮企业高层管理人员摆脱日常行政事务，集中精力抓好企业的经营发展战略和重大经营决策；第二，有利于面向市场、分散经营，提高餐饮企业经营管理效率，增强企业的应变能力，提高服务质量和水平；第三，有利于考核各事业部的经营业绩，促进各事业部之间进行比较和竞争，调动各方面的积极性和主动性；第四，有利于培养独立的、全面的主持餐饮企业经营管理工作的高级经营管理人才。

其缺点是：第一，各事业部之间容易形成部门狭隘观念，而忽略餐饮企业整体利益；第二，部门之间横向协调差，不利于人才的流动；第三，机构重叠导致管理费用增加、利益协调困难等。

（二）餐饮企业组织结构设计的原则

餐饮组织由于所处的环境、制定的战略、发展的规模不同，所需的部门及其相互关系也不同。但餐饮企业在进行组织结构设计时，都需遵守一些共同的原则。

1. 精简有效原则

精简有效指的是餐饮企业要精简机构、提高效率。这里讲的精简有效，包括以下含义：一是餐饮企业人员要有较高的素质，并保持合理的人才结构；二是人员与职责相称，把人员安排到最合适的岗位上；三是要因事设岗而不是因人设岗。

2. 统一指挥原则

统一指挥是组织理论中的一项重要原则。一个权威组织，从最高到最低的职位必须正式组成一个连续的等级链，各职位的权责明确、沟通渠道明晰，命令层层下达，工作层层汇报，从而形成一个连续的程式化的指挥系统。贯彻统一指挥原则，有以下要求：统一指挥使上下级之间组成一条等级链，它反映了上下级的权力、责任和联系的渠道。从最上层到最基层，这个等级链是连续的，不能中断。任何下级只能有一个直接领导，因为多头领导会产生混乱和不一致。在一般情况下，上级领导不可越级进行指挥，下级不可越级接受更高一级领导的指令。

餐饮企业内部的职能管理系统和参谋系统，同样也要执行统一指挥原则。他们对上级有权提出意见和建议，对执行系统则起到指导、监督和控制的作用，但无权直接指挥执行系统的工作。

3. 管理幅度原则

管理幅度是指一个管理者能够直接地、有效地管理的下级人数。管理幅度与组织层次呈反比例关系。一个管理者的精力和知识是有限的，所以管理幅度也是有限的。它取决于管理人员的能力、员工的素质、企业的规模、各部门的业务情况等多种因素。

4. 权责对等原则

现代组织理论认为，管理等级链上的每一个环节、每一个岗位，都应该贯彻权责对等原则。职权和职责是组织理论中两个基本概念。职权是人们在一定职位上拥有的权力，职责就是承担责任的义务。餐饮组织的要求是把责任明确地落实到人。例如，高层管理者在拥有较大决策权的同时，也承担了相应的责任和义务。

5. 分工协调原则

凡是社会化的大生产，都需要进行分工与协调，把企业的任务和目标层层分解落实到各个部门和员工。一般来说，餐饮企业规模越大，专业化要求越高，分工也就越细。但是专业细分化也会造成部门之间的依赖性增强、协调任务加重。组织内部的协调包括纵向协调与横向协调。只有协调一致的组织才是有效的组织，才能形成竞争力。

上述几项原则不是孤立的，而是互相联系、互相制约，统一于一个有机整体内。不能只强调某一项而否定另一项，要全面考虑，综合运用。

四、餐饮部各部门的管理职能

1. 餐厅部

餐厅部是为顾客提供食品、饮料和就餐服务的公共场所。根据其所提供的食品、饮料和服务的不同，可分为以下几种：

（1）零点餐厅　也叫点菜餐厅，是酒店的主要餐厅，供应中西菜点。

（2）团队餐厅 团队餐厅主要供应团队包餐，也安排了适当的西式菜点。

（3）咖啡厅 咖啡厅是小型西餐厅，供应比较简单而又大众化的西式菜点、酒水饮料。

（4）酒吧 酒吧是专供顾客享用酒水饮料、休息和娱乐的地方，主要供应中式、西式酒类饮料和小吃。

（5）特色餐厅 又称风味餐厅，酒店根据服务对象的不同需要设立风味餐厅，以便发挥自己的特长，满足顾客的需要。

（6）自助餐厅 自助餐厅是一种快餐厅，供应西式菜点或中式菜点。具有节省用餐时间、价格低廉、品种多、风味不同的优势，颇受顾客的欢迎。

（7）客房送餐 酒店为满足顾客的需求，可为顾客提供客房送餐服务。

（8）外卖部 主要向本地居民、酒店内的顾客或到酒店观光的顾客提供的特色烧烤、风味菜肴、各地点心面包以及新鲜水果和蔬菜等。

2. 宴会部

宴会部接受顾客的委托，组织各种类型的宴会、酒会、招待会等活动，并根据顾客的要求制订菜单、布置厅堂、备餐铺台，同时为顾客提供完整的宴会服务。

3. 厨房部

厨房部是酒店主要生产部门，负责整个酒店所有中式、西式菜点的烹饪，负责厨师的培训、菜点的创新、食品原料采购计划的制订，及餐饮部成本控制等工作。

4. 管事部

管事部负责打扫厨房、餐厅、酒吧等处的清洁卫生及所有餐具、器皿的洗涤、消毒、存放、保管和控制。

📖 | 任务实施

一、绘制酒店餐饮部的组织结构图

依据酒店规模、类型的不同，其餐饮部的组织结构也不尽相同。根据所学知识，绘制酒店餐饮部的组织结构图。

1. 小型酒店餐饮部组织结构图

小型酒店餐饮部组织结构如图 1-4 所示，组织结构比较简单，分工不宜过细。

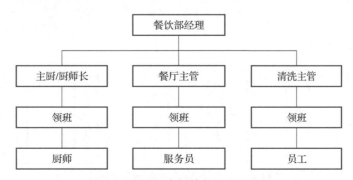

图 1-4 小型酒店餐饮部组织结构图

2. 中型酒店餐饮部组织结构图

中型酒店餐饮部组织结构如图 1-5 所示，分工更加细致，功能也比较全面。

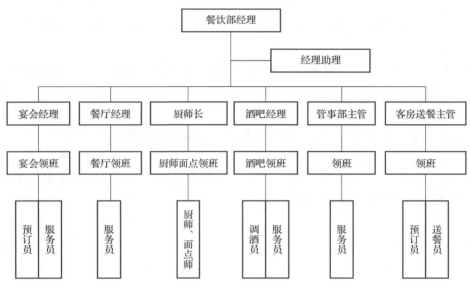

图 1-5 中型酒店餐饮部组织结构图

3. 大型酒店餐饮部组织结构图

大型酒店餐饮部组织结构如图 1-6 所示，组织结构复杂，层次多，分工明确、细致。

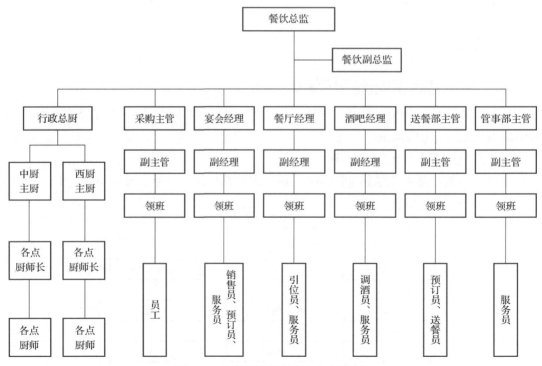

图 1-6 大型酒店餐饮部组织结构图

二、案例分析

餐厅巡视

一天，餐厅经理小王向餐饮部经理汇报了近期工作后，他们一起来到餐厅巡视。时间还早，顾客寥寥无几，小王看了看桌椅和餐具，横、竖、斜都在一条直线上，感到很满意。然后他又将视线转向周围站立的服务员，个个笑容可掬、站姿标准。

两人走出餐厅交换意见，小王得意地问："经理，你觉得餐厅的工作怎么样？"餐饮部经理反问："你认为呢？我看你刚才是先把眼睛盯向餐台，然后才去看服务员，你知道吗？当我们刚走进餐厅时，有3个服务员正在聊天，见我们进来立刻散了。就这种类型的巡视，应该先看面、后看线，先看动、后看静。"小王由衷地说："经理，我真佩服你，你看那3名服务员应该怎么办？"经理说："那就是你权力范围内的事了。"

讨论：小王为什么没有发现问题？餐饮部经理让小王处理3个服务员的做法对吗？

分析提示：案例中餐饮部经理让小王自行处理聊天服务员的做法是可取的，因为他遵循了统一指挥的原则。在实际工作中常常出现这样的情形，某部门经理，甚至总经理巡视时发现了问题，当即代替当事人的直接上级做出处理决定，这种做法违反了统一指挥的原则，形成了多头领导，也限制了下级管理人员能力的发挥。

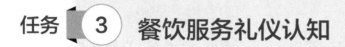

任务 3　餐饮服务礼仪认知

🐛 | 任务要求

餐饮服务人员是餐饮企业的门面，保持良好的仪容仪表至关重要，有利于提升餐饮企业的整体形象。相貌是天生的，但仪容仪表是后天养成的，那么该如何改善个人的仪容仪表呢？

通过完成本任务的学习，我们将系统了解气质、风度的培养，仪容礼仪，仪态礼仪和服饰礼仪；了解工作中站姿、坐姿、行姿、蹲姿、服务手势的基本要求，并根据要求进行形体训练。

🍺 | 知识链接

餐饮服务人员的仪容仪表是指服务人员在餐饮服务工作中的形象。换句话说，就是服务人员在服务活动中的姿态外表，这既是餐厅接待规格、服务水平的形象体现，又是尊重顾客的显著标志，也是招待顾客、增加企业经济效益的良好方式。顾客同餐饮服务人员接触的第一印象就是通过个人的形象外观获得的。因此，注重礼仪具有重要的意义。

一、气质、风度的培养

气质是人的心灵、性格、修养、情操的综合体现。服务人员的气质应当是质朴、自然、端庄大方的，并可通过环境、修养、阅历、学识等因素加以培养，用时代精神和美好的心灵来熔铸。从这方面来讲，服务人员要养成正直、纯善、温柔、文静的品质，以及独具特色的职业魅力。

风度是人的举止、装束合乎审美标准的一种表现。它是思想、性格、气质的自然流露及外在表现，也与职业、年龄、文化素质、个性有直接的联系。风度能体现职业特征，餐饮服务人员的风度应体现在自然得体的举止、稳重大方的姿态、简洁亲近的言辞、整洁合体的衣着、彬彬有礼的手势，以及合乎分寸的言语行为上。要做到端庄、稳重、含蓄，在任何时候都不要显露不耐烦的情绪，更不能怒形于色。要践行微笑服务，待客和颜悦色，使人感到热情可亲。

二、仪容礼仪

餐饮服务人员首先要做到精神饱满、热情洋溢、彬彬有礼、稳重端庄、不卑不亢、面带微笑、和蔼可亲。适度的表情，可向顾客传递出对他们的热情、敬重、宽容和理解，给顾客带来亲切和温暖的感觉。服务人员要做到面容洁净、发型大方。如需化妆，宜化淡妆，在容貌自然的基础上略加修饰。淡雅自然是化妆时必须坚持的原则。指甲要经常修整，不准留长指甲，不准染指甲。男性服务人员的头发不宜过长，侧不遮耳、后不及颈，不留胡须和长鬓角。

三、仪态礼仪

餐饮服务人员仪态主要包括站姿、坐姿、行姿、蹲姿、手势等。在服务工作中，服务人员的姿态应具有一定的规范性，它不仅是个性的表现，反映一个人的修养气质，而且是文明礼貌的标尺。服务人员的姿态应站如松、行如舟、脚要稳，手要轻。男性要有阳刚之美，强劲、稳健、利落、有力；女性要有阴柔之美，曲线柔和，身姿婉约，表现出端庄、娴静、秀雅轻盈的韵律美。手势也是一种极具表现力的"体态语言"，它是餐饮服务人员向顾客作介绍、谈话、引路、指示方向等常用的一种形体语言。

人的体形、相貌是天生的，是难以改变的，但人的体形、相貌的某些特定部分，又是可以根据服务工作的要求，有意识地进行锻炼、纠正、塑造的。如有轻微驼背的人，可以有意识挺胸，予以纠正。即使有不良的容貌表情，也是可以通过心理的调节控制，抛弃不愉快的心境，达到改善面部表情的目的。

四、服饰礼仪

服饰可以美化人的形象，衬托外在的体型美，折射内在的心灵美，增强和提高人自身的审美价值。

服务人员应按照酒店规定着装，穿着酒店统一发放的工作服。保持衣着整洁、得体、大方，并与颜色、款式适当的衬衫、裤子、鞋子搭配；鞋子应保持干净、光亮、无损伤，符合工作要求；工作场所禁止赤脚和穿拖鞋。男性着西装，须着衬衫、系领带。女性头发要梳理整齐，发型和颜色不要太夸张；提倡淡妆。一般酒店的服装和环境应采用中性色，营造出平静、柔和、干净、优雅的美。

餐饮服务人员平时要培养正确的审美观，选择端庄大方、整洁美观的服饰；培养审美观念，装束打扮应与自己的身份、年龄、特点相和谐，即有职业特点，又有时代风貌，并被人们所接受和赞赏。

✍ ｜任务实施

本任务针对餐饮服务人员，对其站姿、坐姿、行姿、蹲姿和服务手势进行训练。

一、站姿训练

身体站立的重心落在两脚的中间，挺胸收腹，腰直肩平，目光平视，面带笑容；双臂自然下垂或在胸前、体后交叉双脚呈"丁"字步或"八"字步，两腿站直（见图1-7）。双手不得叉腰、抱胸或插入衣袋，双脚不可随意挪动或抖动；身体不可东倒西歪、依靠物件。

图1-7　站姿示范图

二、坐姿训练

入座时，走到座位前面转身，右脚后退半步，左脚跟上，然后轻稳地坐下；穿裙装的女士入座时，需要用手把裙子向前拢一下。坐下后上身正直，头正目平，面带微笑，两手交叉放在两腿上，有扶手时可双手轻搭于扶手上，小腿与地面基本垂直。两膝间的距离，男士以间隔一拳为宜，女士则要保持双腿并拢（见图1-8）。落座时要根据凳面的高低及有无扶手与靠背，注意两手、两腿、两脚的正确摆放。无论哪一种坐姿，都要自然放松，面带微笑。坐姿中忌讳前俯后仰，或抖动腿脚，或跷二郎腿，这是缺乏教养和傲慢的表现。

图 1-8　坐姿示范图

三、行姿训练

步伐轻盈而稳健，上体正直，身体重心落在脚掌前部，头正微抬，目光平视，面带微笑（见图 1-9）。脚尖应对正前方，两脚轨迹为一条线或两条紧临的平行线。步速适中，以一分钟为单位，男士应走 110 步，女士应走 120 步。

图 1-9　行姿示范图

四、蹲姿训练

下蹲时应左脚在前、右脚稍后，两腿靠紧向下蹲；左脚全着地，右脚跟提起；右膝低于左膝，右膝左侧靠于左小腿内侧，形成左膝高、右膝低的姿势。臀部向下，基本上以右腿支撑身体，如图 1-10 所示。女士一般采用此种蹲姿。

图 1-10　蹲姿示范图

男士下蹲时，双脚分开，与肩同宽；然后慢慢下蹲，保持上身正直，不要弯腰或是垂头低首；蹲下后保持左脚在前、右脚稍后，左脚应完全着地，小腿基本上垂直于地面；右脚脚掌着地，脚跟提起，用右腿支撑身体；双手放在膝盖上方。

五、服务手势训练

手指自然并拢，手掌向上，以肘关节为轴指向目标；同时，眼睛也要转向目标，并注意对方是否已看清目标（见图 1-11）。在介绍或指路时，均不得用一根手指比划。谈话时，手势不宜过多，幅度不宜太大。在使用手势时，还应注意各国的风俗习惯。

图 1-11　手势示范图

在服务行业中，工作人员应秉持着服务至上的职业精神和全心全意为顾客服务的职业规范，为顾客展现出良好的仪容仪表和服务面貌。

任务 4 餐饮服务职业素养认知

任务要求

餐饮服务是餐饮企业经营管理的核心内容，餐厅服务人员每天与顾客面对面的接触，其服务态度、业务水平、操作技能等都直接受到顾客的检验；服务人员的一言一行，不仅反映出自身的素质，更折射出企业的文化水平和经营管理境界。而服务意识是体现企业文化的一种表达方式，在市场竞争条件下，企业竞争首先是员工素质的竞争。所以，怎样有效提高员工的职业素养，以提升服务质量，使沟通和合作更加顺畅，从而提升顾客满意度，是现代餐饮企业的当务之急。

通过完成本任务的学习，我们将在了解餐饮服务人员的思想素质要求、服务态度要求、服务知识要求的基础上，掌握餐饮服务中所需要的沟通、协调等各项服务技能，并在模拟训练中灵活运动。

知识链接

随着竞争的日趋激烈和消费者自我保护意识的增强，顾客对餐饮服务质量的要求越来越高，而餐饮服务质量的提高和先进餐饮文化的传播则有赖于高素质的员工。餐饮服务人员的素质要求如下：

一、服务人员的思想素质要求

良好的思想素质是树立正确的人生观、价值观和做好服务工作的基础。

1. 政治思想素质

餐饮服务人员应确立正确的价值观。在服务工作中，应严格遵守外事纪律，讲原则、讲团结、识大体、顾大局，不卑不亢，不做有损国格、人格的事。

2. 专业思想素质

餐饮服务人员必须树立牢固的专业思想，充分认识到餐饮服务知识和技能对提高服务质量的重要作用，热爱本职工作，养成良好的行为习惯，将企业和消费者的利益放在第一位，提供完善的服务。

二、服务人员的服务态度要求

服务态度是指餐饮服务人员在对客服务过程中体现出来的主观意向和心理状态，其好坏直接影响顾客的心理感受。服务态度取决于员工的主动性、创造性、积极性、责任感和综合素质的高低。其具体要求是：

1. 主动

餐饮服务人员应牢固树立"顾客至上，服务第一"的专业意识，在服务工作中应时时处处为顾客着想，表现出一种主动、积极的情绪。当发现顾客有需要时，不分分内、分外，应主动、及时地予以解决，做到眼勤、口勤、手勤、脚勤、心勤，把服务工作做在顾客开口之前。

2. 热情

餐饮服务人员在服务工作中应热爱本职工作，热爱自己的服务对象，像对待亲人一样为顾客服务，做到面带微笑、端庄稳重、语言亲切、精神饱满、诚恳待人，具有助人为乐的精神，处处热情待客。

3. 耐心

餐饮服务人员在为不同类型的顾客服务时，应保持耐心，不急躁、不厌烦、态度和蔼。服务人员应善于揣摩顾客的消费心理，对于他们提出的问题应耐心解答，百问不厌，并能虚心听取顾客的意见和建议，面对事情不推诿。与顾客发生矛盾时，应尊重顾客，并有较强的自律能力，做到心平气和、耐心说服。

4. 周到

餐饮服务人员应将服务工作做得细致入微、周密妥帖。在服务前，服务人员应做好充分的准备工作，对服务工作做出细致、周密的计划；在服务时，应仔细观察，及时发现并满足顾客的需求；在服务结束时，应认真总结并主动征求顾客的意见或建议，及时获取反馈，以便将服务工作做得更好。

三、服务人员的服务知识要求

餐饮服务人员应具有较宽的知识面，具体如下：

1. 基础知识

餐饮服务人员需掌握的基础知识有员工守则、礼貌礼节、职业道德、外事纪律、酒店安全与卫生、服务心理学、外语知识等。

2. 专业知识

餐饮服务人员需掌握的专业知识有食品营养卫生、烹饪知识、岗位职责、运转程序、运转表单、管理制度、设备设施的使用与保养、酒店的服务项目及营业时间、沟通技巧等。

3. 其他相关知识

餐饮服务人员需了解的其他相关知识有宗教、哲学、美学、文学、艺术、法律、医学等相关知识，各国的历史地理、习俗和礼仪、民俗与宗教知识，本地及周边地区的旅游景点及交通等。

四、服务人员的相关能力要求

1. 语言能力

语言是人与人沟通、交流的工具，良好的语言沟通能力是服务质量的有力保障。因此，餐饮服务人员应具有良好的语言能力。国家标准《旅游饭店星级的划分与评定》对酒店服务人员的语言要求为："语言文明、简明、清晰符合礼仪规范；对顾客提出的问题暂时无法解决时，应予耐心解释并于事后设法解决，不推诿和应付。"此外，服务人员还应具有一定的外语水平。

2. 应变能力

由于餐饮服务工作大都由员工通过手工劳动完成，而且顾客的需求多变，所以在服务过程中难免会出现一些突发事件，如顾客投诉、员工操作不当、顾客醉酒闹事、停电等。这就要求餐饮服务人员必须具有较强的应变能力，遇事冷静，妥善处理，充分体现以顾客为中心的服务宗旨，尽量满足顾客的需求。

3. 推销能力

餐饮产品的生产、销售及顾客消费几乎是同步进行的，且有无形性的特点，所以要求餐厅服务人员必须根据顾客的爱好、习惯及消费能力灵活推销，以尽量提高顾客的消费水平，从而提高餐饮部的经济效益。

4. 技术能力

技术能力是指餐饮服务人员在提供服务时显现的专业技术能力，它不仅能提高工作效率，保证餐饮服务的规格、标准，更可给顾客带来赏心悦目的感受，让顾客满意。因此，要想做好餐饮服务工作，就必须掌握娴熟的服务技能，并灵活、自如地加以应用。

5. 观察能力

餐饮服务质量的好坏取决于顾客在享受服务后的生理、心理感受，即顾客需求的满足程度。这就要求服务人员在对客服务时应具备敏锐的观察能力，随时关注顾客的需求并给予及时满足。

6. 服从与协作能力

服从是下级对上级应尽的责任。餐饮服务人员应具有服从上级领导的组织纪律观念，服从上级指令并能在工作中切实执行。服务人员还应服从顾客，对顾客提出的要求应给予满足，但应服从有度，即满足顾客符合传统道德观念和社会主义精神文明的合理要求。餐饮服务工作需要团队协作精神，餐厅服务质量的提高需要全体员工的参与和投入。餐饮服务人员在做好本职工作的同时，应与其他员工密切配合，尊重他人，共同努力，尽力满足顾客需求。

✐｜任务实施

长期以来，餐饮业面临激烈的市场竞争，其实质就是服务质量的竞争。餐饮企业的生存与发展，声誉与效益，靠的是向顾客提供全方位的优质服务。优质的服务包括优良的服务态度和服务意识、精湛的服务技能、最佳的服务效率等。而餐饮服务人员作为餐饮企业服务的提供者，其服务质量和水平，直接关乎顾客的用餐体验和满意度。那么优质的服务包括哪些内容呢？让我们用服务的英文"SERVICE"的七个字母所代表的不同含义来综合阐述优质服务的标准。

S（sincerely）：各种服务行为都是发自内心的、真诚的和诚恳的，而不是例行公事。

E（efficient）：工作人员的服务行为是规范的，并能高效率地胜任。

R（ready to serve）：具有良好的服务意识，超前地、随时地和即时地提供恰到好处的帮助。

V（visible& valuable）：通过餐饮产品、餐厅环境、合理的价格和热情的帮助让顾客感到物有所值。

I（informative & individuality）：尽力向顾客提供超出顾客期望值的信息和提供个性化服务。

C（courteous）：在服务过程中通过语言表达、面部表情、行为举止和仪容服装，体现服务人员的有礼有节，尊重顾客的人格、信仰和习惯。

E（excellent）：如果以上六个方面都能够做到完美，那么服务质量离优质就不远了。

尽管各个餐饮企业有着不同的服务标准，但是宗旨是相同的，那就是最大限度地满足顾客的需求，从而提升顾客的满意度，进而提高企业竞争力。

🍗 项目总结

本项目主要介绍了餐饮业的基本概念、特征及发展趋势，以及餐饮管理的基本概念、餐饮组织机构、餐饮服务人员的素质和能力要求等内容。通过学习本项目，学生应对餐饮业、餐饮管理和餐饮服务有一个全新的认识，并掌握餐饮服务礼仪和职业素养的相关要点，为后续项目的实施奠定坚实的基础。

🍲 项目实训

实训一　温馨的眼镜布

戴眼镜的顾客到餐厅吃饭时，如眼镜片遇到热气腾腾的饭菜就会蒙上一层雾气，影响视线，给用餐带来不便。一家酒店留意到顾客用餐的这个细节，凡是戴眼镜进店的进餐者，服务员都会及时将一块擦眼镜用的绒布递上，供其擦拭眼镜用。

讨论：眼镜布体现了什么？

分析提示：提供擦眼镜用的绒布只是一个细小的动作，却令众多戴眼镜前来就餐的顾客倍感亲切和温馨，也让顾客感受到了酒店服务工作的细致和周到。

实训二　混乱的组织结构

H饭店过去是一家市政府所属的高级招待所，经过装修改造以后，升级为四星级饭店，但饭店的组织结构基本上沿袭了以前招待所的模式。为了加强销售工作，饭店增设了公关销售部。但是由于过去销售工作由客房、餐厅和各业务部门分别去做，所以这一格局并未被打破。这样便出现了饭店所有部门都有销售指标，各个部门同时出去推销客房的局面。有时为了争取同一个顾客，各部门轮番争抢，出现内部竞争。这种状况弄得顾客莫名其妙，他们认为如此混乱的管理不可能造就良好的服务，因此打消了与H饭店合作的念头。而在销售部内部，每个人的工作都由销售额目标决定，只要能完成定额，无论找什么顾客都行。结果造成一位销售人员前脚刚离开，另一位销售人员又登门推销的情况，而且每个销售人员报的价格还不相同，弄得顾客不知所措。另外，销售部与其他部门之间、销售部内部员工之间，经常因为争夺顾客而产生矛盾，影响了饭店内部的协调和合作。

讨论：H饭店在组织结构设置上存在什么问题？

分析提示：H饭店在组织结构设置上存在职能重叠、多头管理的弊端。

实训三　表达的技巧

几位顾客在中餐厅愉快地用餐，快要结束时招呼服务人员结账。值台服务员拿着账单迅速地走到餐桌旁，对顾客简单地说："先生，二百五。"顾客听到这句话很不高兴，便委婉地提醒服务员："是不是算错了？"服务员快速核实后，再次向顾客说："没错，是二百五。"顾客非常的不满意。

讨论：顾客为什么会不满意？请从表达技巧方面分析餐饮服务中语言表达的重要性。

分析提示：在服务过程中，应随时注意用文明礼貌的服务语言进行表达，尤其还要注意语言表达时的习惯和禁忌。本案例中服务员在进行服务时没有充分考虑顾客的感受，导致顾客的不满。建议在服务时要保持文明礼貌，服务用语不要太简单，服务员可对顾客说："先生您好，您共消费了二百五十元，这是账单，请过目！"

项目二 ▶ **基本餐饮服务**

 项目导入

　　林达是某职业技术学院的酒店管理专业的大三学生，她到某五星级酒店餐饮部实习。实习的第一周，餐饮部对她进行了餐厅和宴会预订、铺台布、餐巾折花、点菜、斟酒等各项技能的培训，她觉得受益匪浅。

学习目标

1. 能够掌握餐厅和宴会预订相关技能。
2. 能够完成餐饮服务中台布铺设、餐巾折花、点菜、斟酒等各项技能。
3. 能够做好对客服务工作。

🍲 项目实施

任务 1　餐厅预订服务

👆｜任务要求

　　预订是餐饮部工作流程中最重要的环节之一，优质的预订服务是吸引顾客的首要条件，而做好预订工作必须依赖于综合素质较高的专职预订员。因此，了解预订员基本的专业素质要求、掌握预订的基本程序和技巧至关重要。

🥤｜知识链接

　　餐厅预订是指顾客就餐前，对餐厅座位的预订，包括保留餐位的数量及时间。预订是对订餐顾客的一种承诺，餐厅必须在约定时间为顾客保留餐位。

　　餐厅预订是一项专业性很强的餐饮运营工作，是餐饮销售管理的重要环节。餐厅预订的过程是餐饮产品的推销过程、餐饮客源的组织过程，也是酒店形象的展示过程。

　　1. 餐厅预订的内容和方式

　　餐厅预订的内容包括：用餐日期及时间，用餐人数及标准，用餐餐位要求，订餐顾客的姓名、单位及联系电话，其他特殊要求。

　　餐厅预订方式分为：当面预订、电话预订和网上预订等。

　　2. 预订员的专业素质

　　在预订服务工作中，预订员需要具备以下专业素质：熟悉餐厅的面积、布局及各项设施设备的使用功能情况；掌握各类菜单的价格及特色，掌握各类食物、饮料的成本；熟悉部门销售制度，掌握销售策略；熟悉不同类型用餐的服务标准和布置；准备充足的销售宣传资料；建立顾客档案，定期查阅顾客有关资料；熟悉每日预订情况及半年内大型活动预订情况。

✒️｜任务实施

　　按照预订服务的操作步骤，为顾客进行预订服务。

一、问候顾客

　　微笑问候，语言亲切，发音标准，使顾客有宾至如归的感觉。接到电话预订时，要及时接通,以响铃不超过三声为宜,礼貌地向顾客表示问候,清晰及快速地报出酒店、部门名称及自己的名字,提出是否需要帮助。例如:"您好,这里是××餐厅,我是预订员××。请问有什么可以帮到您的吗?"

同时,对顾客称呼要恰当,可用"先生""女士"等。始终保持热情、礼貌,对所有顾客一视同仁。

二、接受预订

1. 询问预订需要

礼貌地询问顾客各种信息,了解能否满足顾客的预订要求,如:"请问怎么称呼您?""请问您贵姓?""您打算什么时间用餐?""请问您几人用餐?"

如果能接受顾客的预订,尽量满足顾客提出的要求;如果不能满足顾客的要求,则要有礼貌地拒绝,或为顾客提出其他建议。如:"不好意思,先生,我们6点的座位已经满了,为您预订7点的座位可以吗?"

除此之外,还应询问顾客对就餐的其他特殊要求,如有无婴幼儿、大厅就餐还是包厢就餐等。

2. 做好记录

仔细聆听顾客所讲的内容,并准确地记录下来。同时,保证与顾客进行愉快而有效的沟通,使顾客建立对酒店的好感和信任感。

三、重述预订信息

顾客提供预订信息后,可用礼貌热情的语气征询顾客是否有其他意见,之后需重述预订姓名、电话、用餐人数、用餐时间及特殊要求等信息,并让顾客确认,向顾客表示感谢。重述顾客预订信息时,要保证信息重述的准确性。最后告之顾客预订餐位的保留时间,如:"已经为您预订好餐位,我们会为您留半个小时的位置。"

四、向顾客告别

当面预订时,要反复确认预定信息,诚恳地表示感谢,并送客出门。电话预订时,要再次致谢:"感谢您的来电,祝您生活愉快!"然后等顾客挂断电话后,方可放下电话。网络预定时,要准确无误地将预定信息回复给顾客。

五、通知相关人员

完成预订后,需将预订信息录入计算机,填写预订单,通知餐厅主管按预定时间、人数、场地要求进行摆台、准备。同时将顾客的特殊要求告知餐厅及厨房负责人。在进行预订信息传达的过程中,要做到逐级通知、有效快速沟通,保持高效的团队协作。

任务 ② 宴会预订服务

任务要求

宴会是餐饮部经济收入的重要来源，是提高饭店知名度、美誉度的重要形式，是展示烹调技术水平的好机会。

本任务主要学习宴会预订员的基本素质、宴会预订的步骤和工作流程。

知识链接

宴会，是政府机关、社会团体、企事业单位或个人为了表示欢迎、答谢、祝贺等社交目的以及庆贺重大节日而举行的一种隆重、正式的餐饮活动。

一、宴会预订员的基本素质

宴会销售预订是一项专业性很强的工作，一个合格的宴会预订员应具备以下专业素质：

（1）了解宴会场所及设施　了解各宴会场所的面积、设施情况并能根据顾客要求推荐适合的场地。

（2）了解本店的菜单和菜肴　清楚本店各类菜肴的加工过程、口味特点，针对季节和人数变动，可以对菜单调整提出建议。

（3）具备议价的能力　了解各个档次宴会的标准售价、同类宴会的价格情况等，并具备一定的议价能力。

（4）具备足够的专业素养　具备宴会服务人员所需的专业素质、工作能力等，如熟悉与具体宴会菜单相搭配的酒水，能够解答顾客就宴会安排提出的各种问题。

二、宴会预订方式

1. 电话预订

电话预订是顾客与酒店联络的主要方式，常用于小型宴会预订、查询和核实细节、促进销售等。

2. 面谈预订

面谈预订是宴会预订中较为直接有效的方法，多用于高中档大型宴会、会议型宴会等重要宴会的预订。

3. 传真预订

传真预订要求所有顾客传来的询问信都必须立即做出答复，并附上建议性的菜单；此后，以信函或面谈的方式达成协议。

4. 网络预订

网络预订是信息时代网络普及后新增的一种预订方式，网上预订不仅方便了顾客，同时也让宴会部争取到更多客源。

三、宴会预订步骤

宴会预订是一个很复杂的过程，主要包括以下步骤：

1. 接受预订

热情礼貌接待来预订宴会的顾客，使顾客感到亲切可信，乐于在酒店订宴席。洽谈业务时，先送上迎客茶，主动与顾客交换名片，或报自己的姓名、职务，注意态度友善、称呼得当，给顾客留下良好的第一印象。当顾客讲述宴会要求时，一定要认真倾听，做好记录，不要随意打断顾客的讲话。在洽谈宴会细节时，按照宴会预订单的内容问询清楚，并做好预订记录。

2. 填写宴会预订单

在接受顾客预订时，应将洽谈事项、细节要求等填写在预订单上，以备后续宴会的组织实施，如图 2-1 所示。

宴会预订单

预订编号：_____

宴会名称_____

联系人姓名_____ 电话号码_____ 地址_____

公司（单位）名称_____

举办日期_____ 星期_____时间_____时至_____时

宴会形式_____ 收费标准_____元/桌或元/人

付款方式_____ 其他费用_____

预订人数_____ 保证人数_____

餐台数_____ 酒水要求_____

菜单：   台型设计图

_____

_____

_____

_____

一般要求：

菜单_____ 名卡_____ 席位卡_____

会议用具：

投影仪_____ 幻灯机_____ 放映机_____ 银幕_____ 翻图板_____

白板_____ 讲台_____ 铅笔/钢笔/记事本_____

娱乐设施：

舞板_____ 鲜花_____ 聚光灯_____

照相机_____ 麻将桌_____张，卡拉 OK 机_____

备注_____

图 2-1 宴会预订单

3. 填写宴会安排日记簿

"宴会安排日记簿"是酒店根据餐饮活动场所而设计的，作用是记录预订情况，供预订员查核。"宴会安排日记簿"一日一页，分上下两联，如图 2-2 所示，主要项目有宴请日期、时间、顾客电话号码、人数和宴会厅名称、活动名称、是确定还是暂订等。

宴会安排日记簿

_____年___月___日___星期___

厅房	预订	确定	时间	宴会形式	人数	联系人 地址、电话	特殊要求
A 厅			早				
			中				
			晚				
B 厅			早				
			中				
			晚				

宴会安排日记簿

_____年___月___日___星期___

A 厅	B 厅	C 厅
早：宴会名称____人数____ 时间___时至___时 联系人_____电话_____ 公司名_____收费_____ 预订员_____	早：宴会名称____人数____ 时间___时至___时 联系人_____电话_____ 公司名_____收费_____ 预订员_____	早：宴会名称____人数____ 时间___时至___时 联系人_____电话_____ 公司名_____收费_____ 预订员_____
中：宴会名称____人数____ 时间___时至___时 联系人_____电话_____ 公司名_____收费_____ 预订员_____	中：宴会名称____人数____ 时间___时至___时 联系人_____电话_____ 公司名_____收费_____ 预订员_____	中：宴会名称____人数____ 时间___时至___时 联系人_____电话_____ 公司名_____收费_____ 预订员_____
晚：宴会名称____人数____ 时间___时至___时 联系人_____电话_____ 公司名_____收费_____ 预订员_____	晚：宴会名称____人数____ 时间___时至___时 联系人_____电话_____ 公司名_____收费_____ 预订员_____	晚：宴会名称____人数____ 时间___时至___时 联系人_____电话_____ 公司名_____收费_____ 预订员_____

图 2-2　宴会安排日记簿

4. 签订宴会合同书

预订完成后，双方需进一步协商有关宴会具体承办的方式、安排等，签订宴会合同书，如图 2-3 所示。宴会合同书是酒店与顾客签订的合约书，双方均应严格履行合同的各项条款。如顾客安排有变，需双方协商，另行确定。

宴会合同书

本合同是由＿＿＿＿＿＿＿＿＿＿＿饭店（地址）＿＿＿＿＿＿＿＿＿＿＿＿＿＿＿

与＿＿＿＿＿＿＿＿＿＿＿＿＿＿＿公司（地址）

为举办宴会活动所达成的具体条款

活动日期＿＿＿＿＿＿＿星期＿＿＿＿＿＿时间＿＿＿＿＿＿＿

活动地点＿＿＿＿＿＿＿菜单计划＿＿＿＿＿＿＿＿＿＿＿＿

饮料＿＿＿＿＿＿＿＿＿娱乐设施＿＿＿＿＿＿＿＿＿＿＿＿

其他＿＿＿＿＿＿＿＿＿结账事项＿＿＿＿＿＿＿＿＿＿＿＿

预付订金＿＿＿＿＿＿＿＿＿＿＿＿＿＿＿＿

顾客签名＿＿＿＿＿＿＿ 饭店经手人签名＿＿＿＿＿＿＿

日期＿＿＿＿＿＿＿

注意事项：

▲ 宴会活动所有酒水在餐前购买

▲ 大型宴会预交 100 元订金

▲ 所有费用在宴会结束时一次付清

图 2-3 宴会合同书

5. 收取订金

为了保证宴会预订成功率，可以要求顾客预付一定数量的订金。酒店的常客并享有良好信誉者，可以不付订金。

6. 跟踪查询

如果是提前较长时间预订的顾客，预订员应主动电话联络对方，进一步确定日期及有关的细节。对暂定的预订应进行密切的跟踪查询，包括如下几种情况：顾客还要进一步询问和了解情况，宴会预订尚未最后确定；顾客虽已确定，但还在费用和宴会地点上进行比较；顾客要求的日期或场地已经订满，其他日期或场地可以安排，顾客还在犹豫。对于不确定的预订可以实行以下措施，如告知顾客在几日内答复，记下顾客的姓名、地址和联系方式，确认预订的最后期限等。

7. 确认和通知

预订工作完成后，要签发宴会预订确认书，其内容主要是预订单重要项目摘录，并送交顾客。

8. 督促检查

宴会确定以后，酒店管理人员应提前根据宴会预订单及宴会安排日记簿等对原材料进行采购，对物资用品消耗、场地的使用等做好统一安排。妥善保存确认后的宴会预订单，并按不同的日期、场地及时登记在宴会安排日记簿上，不要漏单或错单。根据预订单上的要求，进行场地布置、装饰，同时填写宴会通知单，详细注明各项要求且核对无误后，送餐厅、厨房、大堂、问询、财务等有关部门。

凡举办大型宴会及重要接待活动，必须事前召集举办单位和酒店有关部门共同召开沟通会议，解决安保、消防、批文、准办证、泊车位、公关协助及卫生检疫等事宜，落实具体安排，以确保宴会顺利进行。

9. 取消与变更预订

在接到顾客因故要提前或推后举行宴会的通知后，应立即通知厨房和餐厅等相关部门。

当顾客要取消宴会预订时，应尽可能了解取消的原因，同时要恰如其分地做好推销工作，争取不取消或下次合作。如顾客未按要求提前通知取消的，应收取一定损失费。

当顾客要变更宴会预订时，应先详细了解顾客更改的项目、原因，如参加人数的增减、桌形的改变等，尽量满足顾客要求。同时要认真记录更改内容，并以宴会变更单的形式通知各相关部门。为减少这种临时变更的发生，预订人员应当在宴会举办前一周与顾客再次取得联系，确认宴会相关事项，将发生变更的可能性降至最低。

10. 信息反馈并致谢

记录当日宴会发生情况，有事及时向负责人汇报。宴会结束后及时询问顾客满意度，建立顾客档案，并请顾客填写意见调查表，上交餐饮经理。对顾客提出的意见予以解决，并将解决结果反馈给顾客。

11. 建立宴会预订档案

宴会结束后，将相关资料输入管理系统或客史档案中，并按照酒店管理制度定期将客史资料整理好后传至营销部、前厅部及总经办。

12. 餐后结账工作

顾客可以到账台付款，也可以由服务员为顾客结账。结账一般有现付、签单、信用卡结账、电子支付等方式。

（1）现付　当顾客提出结账的要求时，服务员应迅速到账台取来顾客的账单并进行核对，确认无误后将其放在账夹或小托盘里递给示意要结账的顾客。如顾客对账单有疑问时要负责解答。顾客付款后，服务员应立即将钱款送到账台，由收款员收账找零。服务员再将找零和发票回呈给顾客，并向顾客致谢，欢迎再次光临。

（2）签单　如果是住店顾客，签单也是一种常见的结账形式，餐费在离店结账时与房费等酒店内的其他消费一并结算。当顾客示意结账时，核对无误后服务员应将账单放在账夹里交给示意结账的顾客。顾客签单时，一般应出示房卡，服务员也应对照确认顾客的房号、房卡上的签字是否与顾客所签一致。顾客签完单后，服务员应向顾客致谢，欢迎再次光临，然后迅速将签过字的账单送交账台。

（3）信用卡结账　服务员要了解本餐厅所接受的信用卡种类，在顾客示意结账时，服务员取来账单，核对无误后放在账夹内交给示意结账的顾客。待顾客确认账单无误后，再将账单和信用卡一道送交账台，由收款员负责刷卡，打印收款单，然后请顾客在收款单上签字。结账完毕要向顾客致谢，欢迎再次光临。

（4）电子支付　如餐厅有电子结账系统，服务员应告知顾客扫描结账的二维码，然后根据系统结算金额，可选择微信、支付宝等电子支付方式买单。

接受付款的形式还有支票、签字挂账等。结账工作要求准确、迅速、有礼有节。

✎ | 任务实施

宴会预订是酒店对外开发客源市场、宣传酒店品牌、营销酒店餐饮产品的重要途径，是酒店与外部相互联系的枢纽，是酒店内部相互合作的桥梁。餐饮部要按照宴会预订工作流程来进行宴会预订，如图2-4所示。

	宴会预订工作流程
项目	工作标准
*电话预订	1.当接到预订电话时，在铃响三声内接起，用礼貌用语问候对方，并自报家门（您好！宴会预订部，请问有什么可以帮您?） 2.认真倾听，问明顾客的要求并在宴会预定单上做好记录 （1）主办单位名称（指示牌如何写），主办人的姓名及身份。 （2）注明接洽人的姓名（在预订过程中至少称呼顾客名字一次）、联系电话及电子邮箱 （3）用餐日期及时间（午、晚） （4）用餐人数，根据人数、台型及顾客的要求来安排适当的宴会厅 （5）了解被邀请顾客或主宾的大概资料 （6）确认菜品类别，如风味菜、地方菜、西餐套餐或自助餐等，确认有无禁忌或特殊要求 （7）酒水方面的要求 （8）司机或工作人员人数和工作餐的安排（工作餐标准及地点） （9）是否需要鲜花 （10）需要何种设备设施 （11）厅堂布置（横幅、背板及其他） （12）是否需要贵宾室及贵宾休息室，餐前有无会谈及相关要求 （13）提供相应报价并问明结账方式 3.重复顾客要求，根据以上要求给主办单位安排用餐场所，及时记录在宴会安排日记簿上后告之顾客所安排的场地名称。结束谈话时感谢顾客 4.如顾客要求看菜单，及时将菜单传给对方，并提前确认菜单 5.做好宴会任务通知单，经部门负责人签字后，发至各有关部门 6.如宴会有变化，要及时通知有关部门，并在预订单上注明被通知人的姓名及时间 7.如顾客当天提出取消宴会，要向顾客说明酒店规定，按规定收取损失费 8.如遇大型宴会，要与主办单位签订合同书并收取订金，以示确认 9.如有重要或大型宴会时，预定人员应在活动前到现场与主办单位取得联系，并检查准备状况 10.对顾客的特殊要求或有超过自己的职权范围的要求时，要及时请示部门负责人 11.宴会结束后，将相关资料输入管理系统或客史档案中
*来客预订	1.积极、热情、主动地接待顾客，表现出诚意，即使无法为顾客安排，也不要让顾客有冷落感 2.带领顾客看宴会场地，并给顾客合理化建议 3.其他要求同电话预订
*传真及电子邮件预订	1.收到顾客的预订传真或电子邮件，一天之内给予顾客回复 2.具体细节同顾客联系，在宴会预订单上做好记录 3.其他要求同电话预订
*迎接顾客	1.提前检查宴会的准备情况 2.在大堂或宴会厅明显位置热情地迎接顾客的到来 3.主动、周到地帮助顾客协调宴会或会议中的各类事情
*外出销售	1.每周五做好本周的销售总结及下周的销售计划，积极走访顾客 2.事先准备好酒店资料，在拜访中恰当回答顾客的问题 3.在拜访中对顾客反映的情况要认真记录，及时反馈与答复

图2-4 宴会预订工作流程

任务 3 台布铺设

📋 | **任务要求**

通过完成本任务，让学生掌握中、西餐台布铺设的方法、注意事项、操作要点，学会正确进行中、西餐台布铺设操作。

🍹 | **知识链接**

一、台布的种类

台布的种类多种多样，从台布的质地上分，有化纤台布、塑料台布、绒质台布、锦棉台布、纯棉台布等，其中纯棉台布吸湿性能好，为大多数餐厅所使用。

从颜色上分，有白色、黄色、绿色和红色等。台布的颜色要与餐厅的风格、装饰、环境相协调。

从花形图案上分，有团花、提花、散花等，其中纯提花图案的台布使用较多。

从形状上分，有正方形台布、长方形台布和圆形台布。正方形台布常用于方台或圆台，长方形台布则多用于西餐餐台，圆形台布主要用于中餐圆台。高档宴会则会采用多层台布，且各层形状不一，同时还会围设台裙。

二、台布的规格

根据餐桌的形状和大小，选择的台布的规格也不相同，如 180cm×180cm 的台布，适用于 4～6 人餐桌；220cm×220cm 的台布，适用于 8～10 人餐桌；240cm×240cm 的台布，适用于 12 人餐桌；260cm×260cm 的台布，适用于 14～16 人餐桌。

三、台布铺设的注意事项

将台布置于餐桌上，保持台布的正面向上，铺台布的位置在副主位一侧；若是圆形台布，要保证台布边缘距地面距离相等；同一餐厅所有餐桌台布的折缝要横竖统一；要将台布一次性铺开，铺好的台布保持均匀，布面不起皱。

✏️ | **任务实施**

本任务以了解台布的种类、规格及铺台布的注意事项为基础，对中餐和西餐台布铺设的方法和要点进行训练。

一、中餐台布铺设

中餐台布铺设的方法有三种，即推拉式、抖铺式、撒网式。

1. 推拉式

铺设时应选取与桌面大小适合的台布，站在副主人席位旁，靠近桌边，将台布用双手平行对折，向前推出，再拉回；台布鼓缝面朝上，中线缝正对正、副主人席位；台布的四角呈直线下垂，四角下垂部分与地面等距，但不可搭地。铺设好的台布，其图案花纹置于桌面正中，台布铺完后再围椅子。

2. 抖铺式

使用双手将台布打开，平行对折后将台布提拿在手中，身体呈正位站立式，利用手腕的力量，将台布向前一次性抖开并平铺于餐台上。这种铺台方法适合于较宽敞的餐厅或在周围没有顾客就座的情况下进行。

3. 撒网式

选好台布后，站在副主人席位旁，用双手将台布平行对折并提起，向第一主宾方向一次撒开。撒网式铺台要求动作干脆利落、动作优美、技艺娴熟。

二、西餐台布铺设

西餐餐桌一般使用长台，铺台由 2 ～ 4 个服务员分别站在桌子两侧，把第一块铺到位，再铺第二块。正面向上、中线相对、每边一致、台布两边压角部分做到均匀、整齐、美观。铺台裙：把整个桌边围上一周，可提高餐厅的规格档次，使台面美观大方、高雅、舒适。方法：先将台布铺好，再沿顺时针方向用桌卡固定台布，台布的褶要均匀平整。

任务 **4** 餐巾折花

🐦 | 任务要求

通过完成本任务，学生掌握将餐巾折成各式花样，插到杯内或放置在盘碟内，供顾客在进餐过程中使用；通过基础知识的学习和技能的训练，掌握餐巾折花的基本要求和操作技法，使餐巾花美观、整洁。

📖 | 知识链接

餐巾折花是餐前的准备工作，即服务人员将餐巾折成各式花样，插在酒杯或水杯中，或者放置在盘碟中，既可以美化餐桌，体现宴会的等级，又可供宾客就餐时使用。

一、餐巾折花的作用

（1）突出主题 餐巾花的不同花形和摆设，可以点化宴会主题和标志主宾位，让顾客一步入餐厅就可以根据不同的花形辨认出自己的位置。

（2）美化席面　餐巾花不仅是宴会摆台的组成部分，也是一种不可缺少的装饰品，可以起到渲染宴会气氛、增强艺术感染力的作用。若餐巾花的花形与菜肴外观能相互呼应、协调一致、美观统一，则会收到美食美器的良好效果。

（3）卫生保洁　餐巾花是一种卫生用品，宾客在进餐时，既可用其擦拭碗筷酒具，又可披在胸前或铺在腿膝上，以防汤汁、酒水弄脏衣服；还可用其餐后擦嘴揩手，以保持自身的洁。

二、餐巾折花的基本要求

按照餐巾折花的流程，在干净的托盘中操作，简化折叠方法，争取一次成型。放花入杯时，要注意卫生，手指不允许接触杯口，杯身不允许留下指纹。力求造型美观、高雅，气氛和谐，如图 2-5 所示。

图 2-5　餐巾折花整体效果图

在进行餐巾折花时，要注意餐巾的选择，根据宴会的主题和性质选择适合的色彩、质地；要始终注意清洁卫生，折花前要洗手消毒；注意花型禁忌，如法国人忌讳黑桃图案，意大利人忌讳菊花图案。

三、餐巾花的摆放

（1）主花要明显，突出主位　主花一定要选择品种名贵、折叠精细、美观醒目的花型，以达到突出主人的目的。

（2）注意协调　要把一个台面或一组台面当作一个整体来布置，如果有高低参差，则以主花为主，其余花型高度不能超过主花，相间摆放。

（3）注意餐巾花的摆放朝向　除主人位的花朝向餐桌中心外，其他位置花的观赏面朝向宾客座位。

（4）恰当掌握深度　一般插入杯中的深度以 2/3 为宜，插入杯内的部分也应整齐。

（5）摆放均匀、整齐一致　餐巾花的摆放不遮挡餐桌上的其他用品，也不能不妨碍服务操作。

✐｜任务实施

根据餐巾布的质地及花型的不同，餐巾花的折叠方法也各不相同。本任务要求学生练习并掌握几种餐巾折花的基本技法，并能熟练使用。

一、叠

叠是最基本的餐巾折花技法，可将餐巾折成长方形、三角形、正方形、梯形等。折叠方法包括正方折叠、长方折叠、条形折叠、对角折叠、错位折叠等叠法。叠的基本要领是找好角度，一次叠成。

二、卷

用大拇指、食指、中指三个手指相互配合，将餐巾卷成各种圆筒状，分为直卷和螺旋卷（如孔雀）两种。直卷有单头卷、双头卷（如马蹄莲）、平头卷等。卷的基本要领是要卷得紧凑、挺括。

三、折

折是打褶时运用的一种手法。两个大拇指相对成一线，用拇指和食指将餐巾捏成一个褶皱，中指控制距离和长度，拇指和食指紧按捏起的褶皱向前推折，两手食指将推折好的褶重复捏起，两手中指控制好下一个褶的距离，三个手指相互配合做往返运动。折的基本要领是折出的褶均匀整齐。

四、拉

拉是指在餐巾折花过程中，将餐巾的一角或一边拉出、拉下或拉上的手法。一般采用左手攥住餐巾的中部或下部，再用右手拉出一角或一边。拉的基本要领是大小比例适当、造型挺括。

我国传统文化博大精深，我们设计餐巾花时应该遵循传统文化，也要尊重他国的风俗习惯。例如喜宴上的餐巾花，可折出比翼齐飞、心心相印的花形送给新人，以表示永结同心，百年好合的美好祝愿；国宴上用餐巾折成喜鹊、和平鸽等花型表示欢快、和平、友好，给人以诚悦之感。同时也要注意外国人的喜好与忌讳，如日本顾客喜欢樱花、朝鲜顾客喜欢金达莱等。

任务 5　点餐服务

任务要求

点餐是为顾客进餐进行服务的重要环节，也是餐厅服务人员必须掌握的基本技能之一。宴会的点餐服务要求较高，对于餐饮服务用语、称呼、介绍等均有讲究。通过本任务的学习和技能的训练，学生掌握点餐服务的程序和方法。

 知识链接

一、餐饮服务用语规范

称呼顾客要用尊称，声调要平稳；说话要文雅、简练、明确，不要含糊、啰唆；说话要委婉、热情，不要生硬、冰冷；讲究语言艺术，说话力求语意完整，合乎语法；与顾客讲话要注意表情。

使用称呼时，保证称呼庄重、正式和规范；称呼准确，语气亲切柔和，语速适中；面带微笑，双目平视顾客。

二、介绍礼仪

在进行介绍时，要把地位低者先介绍给地位高者，把年轻者（晚辈）先介绍给年长者（长辈），把男士先介绍给女士，把公司人员先介绍给顾客。

在介绍时要注意姿态，应手掌心向上，五指并拢，胳膊向外微伸且斜向被介绍者。向谁介绍，眼睛应注视着对方。

中华民族是礼仪之邦，讲礼貌、懂礼仪是中华民族的优良传统。礼仪礼貌是人们交往时所认同的准则和行为规范，反映了个人在服务工作中待人接物的素质和能力。

📖 任务实施

一、熟悉基本程序

点菜应遵循点菜流程，如图 2-6 所示。递送菜单后等候顾客点菜，顾客点菜时应正确记录菜名，最后跟顾客确认点菜信息。

图 2-6 点菜流程

在进行点菜服务时，要掌握时机与节奏，多观察顾客的表情，揣测顾客心理；要认真与耐心地对待顾客，不得催促或是表现出不耐烦的情绪；注意服务时的语言与表情使用，多用礼貌用语，面带微笑，热情周到。

二、掌握点菜方法

1. 程序点菜法

程序点菜法，即按照上菜顺序点菜，就是按照冷菜、热菜、汤类、主食、点心的顺序来点菜，这样点菜效率高且菜品不易重复或缺漏。这种按照顺序点菜的方法需要注意各种搭配，如冷热搭配、荤素搭配、菜式搭配、工艺搭配、颜色搭配、形状搭配、味形搭配等，以满足顾客的用餐需求，提升服务质量。

2. 推荐点菜法

不同地域、不同饮食偏好的人，其饮食习惯及口味等都是不一样的，服务人员要能根据顾客的不同饮食需要来有效推荐菜肴。俗话说，南甜北咸、东辣西酸，南爱米、北爱面、沿海地区多海鲜，这就是根据顾客不同的饮食习惯来区别对待。

3. 推销点菜法

推销点菜法是在点菜时，能按照不同的消费层次及顾客消费能力去为顾客推荐相关菜肴。针对商务宴请的顾客或者支付能力较强的群体，服务人员可以推荐一些中高档的菜肴，如海鲜、河蟹、野味、菌类等特色菜肴；针对日常消费顾客，可以推荐一些家禽类、小海鲜或素食类的菜肴。

任务 6 斟酒服务

🖐 | 任务要求

通过本任务学习，让学生了解正确、迅速、优美、规范斟酒服务的要求和流程，了解斟酒的时机和注意事项，熟练掌握酒水服务的方法和技巧。

🍺 | 知识链接

一、斟酒时机

1. 宴会前的斟酒

如果顾客点用白酒、红葡萄酒、啤酒时，在宴会开始前五分钟之内将红葡萄酒和白酒斟入每位顾客杯中。斟好以上两种酒后就可请顾客入座，待顾客入座后，再依次斟倒啤酒。如用冰镇的酒或加温的酒，则应在宴会开始后上第一道热菜前依次为顾客斟至杯中。

2. 宴会进行中的斟酒

宴会进行过程中，应在顾客干杯前后及时为顾客添斟酒水，每上一道新菜后也要添斟酒水。当顾客杯中酒液不足半杯时也要及时添斟，除非顾客表示不需要添斟。在顾客互相敬酒时，要随敬酒的顾客及时添斟。

二、斟酒注意事项

（1）斟酒站位与姿态　斟酒时应站在顾客身后右侧，身体既不能紧靠顾客，也不能离得太远。姿势端正，面带微笑。若顾客要求自己斟倒时，应将酒水放于客人的右手侧。

酒杯不可斟得太满，一般以八成为宜。斟酒时瓶口不可搭在杯口上，相距 2cm 为宜，以防把杯口碰破或将酒杯碰倒；但也不要拿得过高，以防酒水高倾溅出杯外。

（2）斟酒顺序　斟酒时应按照先主宾、后主人原则，按顺时针方向绕桌服务；点酒的客人和主人的酒最后斟倒。

（3）斟酒速度　控制好酒水流出瓶口的速度。满瓶酒和半瓶酒的出口速度不同，瓶内酒越少，出口的速度就越快，斟倒时稍不留意，就容易使酒水冲出杯外，因此一定要掌握好酒瓶的倾斜度。

斟倒啤酒时速度要慢，让酒水沿杯壁流下，避免产生大量泡沫。将瓶口搭在杯口上，或使杯子倾斜再斟啤酒的方法都是不正确的。

（4）祝酒时斟酒　在宴会上斟酒，宾、主祝酒讲话时，服务人员应停止活动，端正站立。主人离位给来宾敬酒时，服务人员应托住酒跟随其后，以便给主人或来宾斟酒。

🖊 | 任务实施

斟酒的方式有很多种，各位同学应熟练掌握，通过练习，掌握各种斟酒方式的技巧和要点。

（一）桌斟

桌斟指顾客的酒杯放在餐桌上，服务人员徒手斟酒，即左手持餐巾、右手握酒瓶，把顾客所需酒品依次斟入顾客酒杯中。桌斟流程如图 2-7 所示。

图 2-7　桌斟流程

（二）捧斟

捧斟指斟酒服务时，服务人员站立于顾客右侧身后，右手握瓶，左手将酒杯捧在手中，向杯中斟满酒后，将酒杯放回杯位。捧斟流程如图 2-8 所示。注意，斟酒的动作应在台面以外的空间进行。

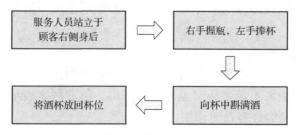

图 2-8　捧斟流程

（三）托盘端托斟酒

托盘端托斟酒，即将顾客选定的几种酒放于托盘内，左手端托，右手取送，根据顾客的需要依次将所需酒品斟入杯中（见图 2-9）。这种斟酒的方法能方便顾客选用。

| 将顾客选定的酒放于托盘内 | ⇒ | 左手端托，右手取送 | ⇒ | 将顾客所需酒品斟入杯中 |

图 2-9 托盘端托斟酒流程

🍗 项目总结

餐饮服务基本技能是餐饮服务的重要组成部分，也是餐饮服务中重要的实践技能环节。只有掌握了餐厅、宴会预订服务，做好对客服务的各项基本礼仪及餐饮位次安排、台布铺设、餐巾折花、点菜、斟酒，才能更好地对客服务，提高顾客的满意度。

🍲 项目实训

实训一 餐饮服务基本技能演练

组织学生到当地星级酒店参观，学习餐巾折花、台布铺设、托盘服务、点餐服务和斟酒服务等技能，掌握基本动作要领和注意事项，熟悉餐饮服务工作流程，分析存在的问题，反复练习直到熟练掌握所有技能操作，符合操作规范。

实训二 零点餐厅预订练习

1. 物品准备

签字笔、预订记录本、电话等。

2. 技能准备

（1）了解预订员的职业形象要求，能够使用规范得体的语言，具备良好的服务意识和道德修养。

（2）熟练掌握餐厅预订服务流程，熟悉餐厅的设施设备、经营范围、预订标准、场地利用状况等。

（3）能够准确记录顾客的信息和要求。

3. 实训要求

零点餐厅即点菜餐厅，是指顾客可按个人口味随意点菜、按数结账并自行付款的餐厅。

要求两位同学一组，模拟零点餐厅的电话预订场景。可先撰写情景模拟对话，再进行对话练习，最后在班级展示。

实训三 宴会预订调研

请同学们以小组为单位，通过实地参观或上网查询等方式调研不同酒店宴会部预订工作的流程和要求，做好调研记录，并收集不同类型宴会的照片和布置要求等资料。根据调研结果总结不同种类宴会的特点，梳理酒店实际运营过程中宴会预订工作的流程，总结宴会预订服务的技能要点，形成报告并以小组为单位进行汇报。

项目三 ▶ 中餐服务

🔔 **项目导入**

　　王英是一名酒店管理专业的大学毕业生，今年新入职一家餐饮企业并在中餐部进行实习。本月，王英刚刚接受了中餐部的餐前准备、接待服务、餐中服务和餐后服务等各项中餐服务技能的培训，让她对中餐服务有了新的认识和了解。

🍵 **学习目标**

　　1. 了解中餐摆台的操作步骤和要求，熟练进行中餐摆台、中餐宴会摆台，能做好中餐餐前准备。

　　2. 掌握中餐早餐服务、中餐零点服务、中餐团餐服务、中餐宴会服务程序；熟练进行各类中餐接待服务。

　　3. 了解中餐上菜规则、中餐上菜禁忌等。熟练掌握中餐餐中服务的流程，熟练进行中餐上菜服务、分菜服务、酒水服务和席间服务等餐中服务。

　　4. 了解中餐各类餐具的清洁、保养与储存的方法和中餐餐后服务工作的基本要求，熟练进行各类中餐餐具的清洗以及结账、收尾等工作。

项目实施

任务 1 中餐餐前准备

任务要求

了解中餐餐饮服务的主要种类和基本程序；认识中餐宴会摆台、餐巾折花、斟酒、上菜与分菜、撤换餐具等主要餐饮服务环节。

知识链接

摆台是把各种餐具按要求摆放在餐桌上，它是餐厅配餐工作中的重要一项内容。餐具的摆放，不仅会直接影响顾客的用餐体验，而且是餐厅服务质量和服务面貌的重要体现。

在我国，餐具的摆台一直以来都备受重视，因为它同时提供了两种最受赞赏的美学享受——美食与美器。除了品尝美食所带来的精致口感之外，餐具、酒具规范准确的摆放，酒与菜品的正确搭配，优雅的用餐礼仪，都是享受美食的一部分。中餐摆台追求规范统一、优雅美观，以提供良好的用餐体验。

一、中餐摆台对仪容仪表的要求

1）摆台的工作人员必须保持头发的干净和整齐，不能蓬头垢面。男士不能留刘海，女士不能披头散发或是浓妆艳抹。

2）保持手部的清洁，包括指甲也要保持干净，不能留长或涂色。

3）按要求着工作装，保持整齐划一。

4）除佩戴手表外，不能佩戴其他首饰。

二、中餐摆台的流程及内容

1. 餐前检查

在摆台前要进行餐前检查工作，检查内容包括：检查服务人员的仪容仪表，检查摆台物品是否齐全统一，检查台布、餐具等是否完好且无破损。

2. 进行准备

在正式进行摆台前，要做好铺台布、摆转盘和拉椅定位三项准备工作。

（1）铺台布 选择尺寸合适的台布，保持布面干净、无破损、熨烫平整。采用推拉式、抖铺式或撒网式，把台布铺设到位，保证鼓缝面朝上，四周下垂部分与地面等距。

（2）摆转盘　若餐桌配备玻璃转盘，须将其放在圆桌中央，保证轻拿轻放、摆放到位，并在中间放置花瓶。

（3）拉椅定位　放置一把主人位置椅子，确定座次席位顺序。

3. 餐具摆放

进行餐具摆放时，应使用托盘进行操作，同时注意摆放的顺序及标准。

（1）摆放顺序　第一托，骨碟、汤碗、汤匙；第二托，酒杯、水杯；第三托，筷架、筷子、勺子、牙签、公用餐具（筷子、勺子等）；第四托，调味品、纸巾、湿巾等；第五托，餐巾花、菜单、台卡及其他。

（2）摆放标准　相对集中，配套齐全；距离相等，图纹对正；整齐划一，方便使用。

4. 座椅归位

所有餐具摆放到位之后，从主人位开始顺时针方向拉椅定位。双手拉出座椅，使座椅与台布下垂相接、正对骨碟。

5. 检查完成

最后，对餐具摆放情况进行全面检查，完成所有摆台工作。

三、中餐摆台注意事项

1）所有操作必须从主人位起按顺时针方向进行（铺设台布、台裙在副主人位）。

2）除台布、台裙（或装饰布）、花瓶（或花篮、其他装饰物）和桌号牌等可徒手操作外，其他物品均须使用托盘操作。

3）餐巾折花须突出主位花型，整体挺括、和谐，符合台面设计主题（可先折餐巾花后摆台）。

4）操作中勿碰倒、遗漏物品。

✎┃任务实施

一、中餐宴会席位确定

1. 确定主人位

主人位根据餐厅具体环境而定，如面朝餐厅正中位置、餐厅里最突出醒目的位置或重要装饰面的面前正中位置均可。

2. 确定副主人位

副主人位置安排在主人位对面，以便主人和副主人都能招待好整个餐桌两侧的顾客。

3. 确定主宾位

主人位确定后要安排主宾位，主宾位置安排在主人位右侧的首席位置上。

4. 确定副主宾位

副主宾位有两种安排方法，一是安排在主人位左侧首席位置，二是安排在副主人位右侧的首席位置。两种方法均可，要视宴请宾客要求而定。其他的座次按顺序安排。宴会餐具的选择视宴会的需求而定，高档宴会需摆银器餐具和水晶刻花的玻璃杯类，以体现宴会档次的规格。

二、中餐摆台操作步骤

1. 骨碟

将餐具码好放在垫好餐巾的托盘内，左手托托盘，右手摆放，从正主人位开始沿顺时针方向依次摆放，碟与碟之间的距离相等，骨碟摆放在座位正中距桌边 1cm 处。正、副主人位的骨碟应摆放在台布鼓缝线的中心位置。

2. 汤碗、汤匙

汤碗摆放在骨碟的正前方约 3cm 处，汤匙摆放在汤碗内，勺柄向左；味碟放在汤碗的右侧，与汤碗的间距为 1cm，呈水平直线。

3. 酒杯、水杯

葡萄酒杯杯柱应对正骨碟中心，葡萄酒杯底托边距骨碟 3cm；白酒杯摆在葡萄酒杯的右侧，水杯摆在葡萄酒杯左侧。三套杯的中心应横向在一条直线上，杯口与杯口距离为 1.5cm，杯身上的花纹要对正顾客。摆放时应将酒杯、水杯扣放于托盘内。

4. 筷架、筷子

筷架应放在骨碟右侧，筷子摆在筷架上，筷尖距筷架 5cm，筷底距桌边 1cm，筷套店标向上。筷子左侧摆银质长柄勺于筷架上。

5. 公用勺、公用筷

公用勺、公用筷应放置在正、副主人席位的正前方，距葡萄酒杯底托 2cm，并排摆在筷架上，公用勺放在靠桌心一侧，公用筷放在靠桌边一侧，筷子尾端和勺把一律向右。10 人以下摆放两套公用餐具，12 人以上应摆四套，其中另外两套摆在台布的十字线两端，呈"十"字形。

6. 茶碟、茶杯

茶碟摆放在筷子右侧，茶杯扣放在茶碟或骨碟上。

7. 牙签、调味品

牙签、调味品摆在台布中线的附近。包装牙签摆在长柄勺右侧，牙签底边与长柄勺底边间距 3cm，店标正面朝上。

8. 口布

将折好的口布摆在骨碟上，观赏面朝向顾客。

9. 菜单和台号

一般 10 人以下摆放两张菜单，摆放于正、副主人位的左侧。平放时菜单底部距桌边 1cm，立放时菜单开口处分别朝向正、副主人；12 人以上应摆放四张菜单，并呈"十"字形摆放。大型宴会应摆放台号，台号一般摆放在每张餐台的下首，台号朝向宴会厅的入口处，使顾客一进餐厅便能看到。

10. 餐椅

从主人位开始按顺时针方向依次摆放，餐椅椅边沿刚好靠近下垂台布为准，餐椅之间距离均等。

任务 2　中餐接待服务

任务要求

通过完成本任务，使学生了解中餐各类菜肴和酒水的知识，掌握中餐服务前的准备要求、零点接待服务主要职责和中餐接待服务的流程，能讲解中餐中常见名菜、名点的产地、特点、加工方式，学会正确进行中餐接待服务。

知识链接

一、中餐导餐服务

导餐服务是由餐厅服务人员或迎宾人向客人介绍餐厅的经营项目、环境设施以及菜肴特色等，以引导顾客顺利进行餐饮活动的服务项目。导餐服务的目的是树立餐厅在顾客心目中的良好形象，增加顾客的就餐情趣，活跃餐饮气氛，最终收获顾客的满意。

（1）导餐服务准备　掌握就餐客人的数量、身份、国籍、民族及宗教信仰等；了解宴会标准、菜肴特色、菜点内容、开餐时间；了解客人的饮食禁忌与特殊要求；熟悉餐厅的环境、装饰特色、历史、名人光顾史与厨师的技艺。

（2）导餐服务程序　介绍自己的姓名、身份及工作职责；介绍餐厅的概况及主厨的技术水平；介绍本餐厅的菜单、风味特色菜点以及服务项目；对有特殊风味和食用方法的菜肴进行详细说明，并示范正确的食用方法；引见本餐厅的负责人，负责人可以向客人致欢迎词。

（3）导餐服务技巧　利用餐厅特色来引发顾客的就餐兴趣，可以满足顾客的物质和精神双重需求；以介绍店史为题，向顾客介绍饮食文化，强调菜点的搭配与设计知识；以与菜相关的历史典故为题，引导顾客对菜肴产生浓厚的兴趣；充分发挥语言的艺术性，使顾客从中体会到本店服务的热情和水平。

二、中餐接待礼仪

所有服务人员应着规定的制服，整齐干净，落落大方。注意保持衣服袖口、领口处的清洁；扣子要扣好，衬衣不外露，不要挽袖子；男、女服务人员均以深色皮鞋为宜，不能穿浅色袜子。

男士不留长发，后发不及衣领，不留胡须、常修面；女士不可披肩散发，应盘起。女士宜化淡妆，不准佩戴首饰，不留长指甲、涂指甲油。不得涂抹刺激性的香水。

在服务过程中，服务人员的站姿应端庄、挺拔，坐姿端正、步态轻盈、稳健。客人到来时要热情相迎、主动问候、面带微笑、耐心周到，认真聆听顾客的问题并耐心解答。在引领客人时，应问清是否预约、就餐人数等，然后把客人引到合适的座位。客人就餐完毕离开时，要礼貌欢送，并致告别语，目送客人离开。

✎ | 任务实施

一、中餐早餐服务

中餐早餐的服务程序如下：

（1）向顾客问好 顾客进入餐厅，引座员礼貌地向顾客问好，并询问人数。

（2）领客带位 根据顾客的需要和人数，将顾客引领到适当的餐桌，并征询顾客意见。在引领过程中保持距离，不宜过远或过近。

（3）顾客就座 双手拉椅子背退后半步请顾客入座，将椅子前移至合适位置。

（4）提供菜单 向顾客提供早餐菜单，并把菜单打开至第一页，双手拿着从右侧递上，以便顾客接过菜单。

（5）点茶水 询问顾客喝何种茶类，并及时迅速报出餐厅所供应的主要品种，这里至少准备四种茶，供顾客选择。

（6）茶水服务 准备好顾客所点茶水，及时斟茶。席间要不时为顾客添加茶水。

（7）餐具服务 除去筷套，女士优先，动作轻巧地从顾客右侧递出；抓住口布上面两角，打开后将一角压在骨碟下供顾客使用。

（8）点心服务 询问顾客是否选用点心。如果点选则及时供应点心，请顾客享用。

（9）撤去多余餐具 撤去多余的空盘、碟，方便顾客用餐。

（10）结账 顾客要结账时，去收银台取顾客账单，放在账夹里交给顾客。顾客付款后，说声多谢，将款项交收银员。收银员收妥款项，将发票和找回的余数用账夹交给顾客。

（11）送客 餐厅服务员为顾客拉椅，多谢顾客，欢迎顾客再度光临。引座员在门口笑脸送客，向顾客道再见。

二、中餐零点服务

（一）餐前准备

观察餐厅的席位安排是否符合顾客要求，餐具是否齐全；熟悉当日的菜单，特别要注意当日不能供应的品种；备好茶叶、开水、调味品、开胃小食等。

（二）迎宾服务

1. 迎接顾客

当顾客靠近餐厅门 1m 时，迎宾员主动上前迎接顾客，并用敬语问候顾客，询问顾客是否有预订及就餐人数。

2. 引领顾客

餐厅服务人员应将顾客引到预订好的或预先计划安排的位置上，并与看台服务员交接好顾客的人数、就餐要求等。

3. 餐厅领位原则

合理地安排顾客用餐的位置，不仅能使顾客得到一个舒心的环境，还可以借顾客来烘托餐厅的气氛。迎宾员在安排顾客就餐餐桌时，不要违背主随客便的原则，只能向顾客提出建议，绝不能代顾客决定。

（三）入席服务

1. 问巾、上茶、铺餐巾、除筷套

等待顾客坐下之后，服务员站在右侧，两只手拿起餐巾放在骨碟的下面。随后退到顾客的右后方，保持一步的距离，询问顾客想用什么样的茶水。在问茶的时候，脱下筷套，翻开茶杯。

2. 问候顾客

礼貌问候顾客，如"晚上好，先生，很高兴为您服务！"介绍自己，如"我是服务员小李。"征询顾客是否可以点菜，如"现在可以为您点菜吗？"

3. 介绍、推荐菜肴

根据顾客的消费需求和饮食习惯向顾客推荐、推销餐厅时令菜、特殊菜、畅销菜、高档菜。介绍菜肴时要做适当的描述和解释，必要时对顾客所点的菜品、数量提出合理化建议。注意礼貌用语，尽量使用选择性、建议性语言，不可强迫顾客接受。

4. 填写点菜单

为顾客点菜时，要站在顾客的左侧，身体略向前倾，认真聆听顾客的叙述。回答顾客问询时要音量适中，语言亲切。注意身体姿势，不可将点菜单放在餐桌上填写。熟悉菜单，对顾客所点的菜肴要做到了如指掌。

5. 特殊服务

顾客所点菜肴过多或重复时，要及时提醒顾客。如顾客所点的菜肴为菜单上没有或已售完的菜肴时，要及时与厨房联系，尽量满足顾客的需求或介绍其他可替代的菜肴。如顾客点选烹饪时间较长的菜肴时，要主动向顾客解释，告之顾客等待时间，调整出菜顺序。如顾客赶时间时，则要主动推荐一些快捷易做的菜肴。

6. 确认

顾客点完菜后，要向顾客复述一遍所点菜肴及特殊要求，并请顾客确认。感谢顾客，告知顾客大约需要的等待时间。

7. 下单

服务人员要准确、迅速、清楚地填写点菜单；填写内容齐全，冷热分开；及时分别送厨房、收银台、传菜部。

三、中式午餐、晚餐服务

1. 问候顾客

顾客进入餐厅，引座员礼貌地向顾客问好，并询问人数。根据时间使用敬语问候。

2. 引领顾客

引领顾客到适当的餐桌就座。拉椅，请顾客入座。

3. 餐间服务

给顾客递上香巾（湿的小毛巾，一般热天用冷的，冷天用热的），询问顾客喝何种茶类。准备茶水，给顾客斟茶。除去筷套，打开餐巾。

4. 菜单服务

顾客到齐后，递上菜单。接受顾客点菜，随时准备帮助顾客，提供建议。菜单写妥后，询问顾客要何种酒水。按次序服务茶水，除啤酒外，其他酒类应添酒杯。

5. 交单服务

将订单一联交收银员开账单，一联送入厨房，夹上次序盘。厨房按订单备菜，分类烹饪。出菜时，注意加盖，按台号用托盘送出。

6. 上菜分菜服务

移妥餐桌上原有菜碟后，端菜上台。替顾客分菜、分汤。询问顾客对菜肴的意见，随时准备提供额外的服务。根据需要换骨碟、添酒水。

7. 餐桌清洁

顾客用餐完毕后，递上香巾，送上热茶。收去菜碟、碗筷。

8. 结账服务

通知收银员准备账单，到账台取来顾客账单，核对后放入账夹交给顾客。顾客付款后，说声多谢，迅速将款项交给收银员。将发票和余额交还顾客。

9. 送别服务

当顾客离座时，服务人员拉椅送客，真诚道谢，并欢迎顾客再度光临。引座员在门口笑脸送客，向顾客道再见。

四、团体用餐服务

团体用餐既与一般餐厅服务接待有相同之处，又有其特殊性。相同之处如台面布置和基本服务步骤等，这里就其特殊性作几点说明。

1. 团体用餐计划

团体用餐的计划性比较强，一般都是事先确定标准、人数、用餐时间等。

2. 了解团体顾客的要求

要充分了解团体顾客的组成、饮食习惯、禁忌和各种特殊要求。

3. 独立包房

团体用餐可以安排在一个独立的餐厅或独立的包房，或者集中在餐厅里侧一角。

4. 餐前准备

团体用餐的餐桌事先应根据人数布置好，桌上摆上团体名称卡。

五、中餐宴会服务

（一）餐前准备

1. 明确宴会服务的具体任务

服务人员应了解顾客的基本信息，明确宴会服务的具体任务，掌握出席宴会人数、桌数、主办单位、邀请对象、宾主身份、宴会的标准及开宴时间、菜式品种、出菜顺序、收费办法。还要了解顾客的宗教信仰、风俗习惯，了解顾客的生活忌讳。了解顾客的特殊需要，了解会议、客房的安排等。

2. 餐具和设备准备

服务人员应将宴会所用的餐具和设备准备齐全。熟悉菜单，计算餐具的用量，备足酒水饮料，准备特色作料。选配器皿、用具，按要求擦拭干净，并在工作台摆放整齐。根据宴会的类别、档次进行合理布置，确保灯光、室温、音响、家具、设施完好。做好宴会厅的卫生，按摆台标准摆好餐台，做好摆台后检查，摆放整齐、符合要求。

3. 自查仪表仪容

服务人员应在宴会前进行自查，检查个人仪表仪容。复查餐台、台布、台面餐具、各种调味品、牙签等放置是否齐全整洁、符合要求，椅子与所铺的席位是否对应，菜单、托盘、备用餐具、小毛巾、工作台内储存物品等是否齐全，并接受领班的统一检查。

4. 宴会开餐前准备

在宴会开始前，服务人员应该按要求摆上冷盘；按照宴会所点的酒水菜单，提前 5分钟按斟酒要求斟上红酒和白酒。准备就绪后，开餐前 30 分钟，站立在餐厅门口，迎候顾客。

（二）餐后服务

1. 送别服务

顾客用餐完毕，送上香巾，并征求顾客意见（与零点服务相同），对顾客提出的意见要虚心接受，记录清楚，并道谢；为顾客拉开座椅让路，递送衣帽、提包，在顾客穿衣时主动配合协助；送客道别（按送客服务规范进行）。

2. 收台工作

顾客离开后，要及时收台，按收台顺序依次收玻璃器皿、银器、口布、毛巾等，然后依次收取桌上的餐具等，之后整理清洁宴会厅，使其恢复原样。

任务 3　中餐餐中服务

🐓｜**任务要求**

餐中服务是中餐服务中一个非常重要的组成部分。学生通过牢记餐中服务的各种工作职责，如中餐上菜规则、中餐上菜的禁忌等，学会根据不同顾客的实际需求，熟练进行中餐上菜服务、分菜服务、酒水服务和席间服务等餐中服务，为顾客提供准确的意见建议和周到的、规范的餐中服务。

📖 | 知识链接

一、中餐上菜规则

1. 上菜位置

上菜位置一般选在副主人位右侧或在比较宽敞的位置，上菜时服务人员应注意观察，以不打扰顾客为宜，严禁从主人和主宾之间、老人和小孩旁边上菜。

2. 上菜顺序

中餐的上菜顺序为：冷菜→热菜→汤→面点→水果。同时要注意，要先冷后热，先高档后一般，先咸后甜。

3. 上菜时间要求

服务人员应该在宴会开餐前的 8 分钟内，上齐顾客所点的冷菜。热菜在点菜 10 分钟内，开始陆续送至餐桌，30 分钟内全部备齐。服务人员应该用右手上菜，并报菜名、做菜品的介绍。

二、中餐上菜的禁忌

按照我国的传统习惯，上整鸡、整鸭、整鱼时，应当注意"鸡不献头，鸭不献尾，鱼不献脊"，上鱼鱼头必对正位。

✏️ | 任务实施

一、中餐上菜服务

（一）常见菜肴的上菜操作规范

1. 上菜规范

上菜前服务人员应该认真核对台号、品名、分量，避免上错菜。整理台面，留出空位，严禁盘与盘之间互相叠压，满桌时可以大盘换小盘或合并后帮助分派。

上菜过程中服务人员应该及时报出菜名，并对菜肴要做简单介绍。新上菜肴应先通过转台，将菜品转至主宾的面前。有调味的菜肴要先上调味料，再上主菜，或调味料和主菜一起上。上汤类菜肴时，应附带汤匙；上煲类菜品时，一般需要增加垫碟；上带壳类（海鲜）菜品时，需要提供毛巾与洗手盅。

2. 菜肴的摆放

菜肴的摆放要讲究造型艺术，尊重主宾，方便食用。服务人员应该将冷荤主盘的正面及热菜头菜的正面朝向第一主人的位置。其他菜肴上桌时，应将菜品的正面朝向四周，形成所有菜品的正面均朝向顾客。

3. 上菜时的服务用语

上菜时，服务人员应礼貌使用"对不起，打扰一下！""请品尝！"等话术。上第一道菜时，应使用"对不起，让您久等了，请慢用！"等服务用语。上最后一道菜时，要及时告知顾客"菜已上齐，还需要什么请随时吩咐！"等。

（二）特殊菜肴的上菜操作规范

1. 易变形菜肴

服务人员在上易变形的炸、爆、炒等菜肴时，应该待菜品一出锅，就立即端上餐桌。上菜时要轻稳，以保持菜肴的形状和风味。

2. 有声响类菜肴

服务人员上有声响类菜肴（如锅巴）时，应该在菜品一出锅就要以最快的速度端上桌，随即把汤汁浇在菜上，使之发出响声。做这一系列动作要连贯，不能耽搁，否则此菜将失去应有的效果。

3. 原盅炖品类菜肴

服务人员在上原盅炖品类菜肴时，应该当着顾客的面开启菜盖，以保持炖品的原味，并使菜品的香气在席上散发。揭开盖子时，要翻转移开，以免汤水滴落在顾客身上。

4. 泥封、纸包、荷叶包类菜肴

服务人员上泥封、纸包、荷叶包类菜肴时，应该将菜品先送上餐台让顾客观赏，再拿到工作台上打破或启封，以保持菜肴的香味和特色。

5. 拔丝类菜肴

上拔丝类菜肴时，服务人员应该将菜品托放在热水上，即用汤碗盛装热水，将装有拔丝菜肴的盘子搁在汤碗上并用托盘端送上餐桌，同时摆放凉开水。托热水上拔丝菜肴，可防止糖汁凝固，保持菜肴的口感风味。

（三）上菜时机

服务人员应根据餐食的类别、各地的上菜规格和习惯以及顾客的要求和进餐速度，来灵活掌握上菜的时机。冷菜应该尽快送到餐桌上，顾客入场开席后，服务人员即可通报厨房出菜。当冷盘已经被顾客食用 2/3 时，便可以上各种热菜了。当前一道菜将吃完时，即上下一道菜，要防止出现餐桌空盘空台的情况。同时，上菜也不可过勤，否则容易造成菜肴变凉，影响菜肴的口感和顾客的用餐体验。原则上每道菜的上菜间隔时间不超过 5 分钟，各主菜的间隔时间最多不超过 8 分钟。

（四）上菜的安全要求

（1）端平走稳　服务人员上各种菜肴时，应做到端平走稳，轻拿轻放。

（2）忌"推"和"蹲"　服务人员上菜忌"推"和"蹲"，并应注意盘底、盘边要干净。

（3）切勿泼洒　服务人员上带汤汁的菜肴时，应双手端送，以免汤汁洒在顾客身上。

（4）切勿从顾客身上越过　服务人员上菜时要有示意，以提醒顾客防止碰撞，要从顾客间的空隙处平稳递上，切不可将菜盘从顾客身上、头上越过。

二、中餐分菜服务

（一）中餐分菜的方式

（1）桌上分让式　适用于分热炒菜和点心。服务人员左手托托盘，右手拿勺与叉，站在顾客左侧，按先宾后主顺序依次分派。

（2）旁桌分让式　适用于分整形菜品。服务人员在备餐台上操作，然后按顺时针方向、依先宾后主顺序依次送上。

（3）两人合作式　适用于顾客较多的宴会。服务人员将菜盘与顾客的餐盘一起放在转台上，用叉和勺将菜分派到顾客的餐盘中，由顾客自取或服务人员协助将餐盘送到顾客面前。

（4）转台分菜法　适用于分让冷菜。服务人员将菜在转台上向顾客展示，之后端至分菜台。在分菜台将菜分派到顾客的餐盘中，将餐盘放入托盘中送至顾客面前，同时将顾客面前的污盘收走。

（二）中餐分菜的要求

服务人员在进行分菜时，要按照以下要求进行：

（1）展示菜品　将菜品向顾客展示，并介绍名称和特色后方可分菜。

（2）检查菜品质量　分菜时留意菜的质量和菜内有无异物，及时将不合标准的菜送回厨房更换。

（3）把握菜品份数　进行分菜时，要做到细致、精准，掌握好菜的份数与总量，做到分派均匀；分菜量要适中，做到均匀一致；分菜完毕后，根据不同菜品的数量留有一定余量；凡配有佐料的菜，在分派时要先沾（夹）上佐料，再分到餐碟里。

（4）注意分菜顺序　分菜应从主宾开始，按顺时针方向依次进行；分菜工具的使用应正确无误；分菜应主动、迅速，注意卫生。

（5）特殊情况的处理　①顾客只顾谈话而疏忽吃菜。遇到这种情况时，服务人员应抓住顾客在谈话中出现的短暂停顿时机，向顾客介绍菜品，并以最快的速度将菜品分给顾客。②遇到顾客带有儿童用餐时，菜应先分给儿童，然后按常规顺序分菜。③遇到老年顾客应采取快分慢撤的方法进行服务，分菜步骤也可分为两步，即先少分、再添加。

（三）菜品的分派

1.带骨、带壳类菜品的分派

当顾客点了较大块状食物或带壳菜品时，在上菜前需为顾客摆上餐刀、餐叉或专用餐具。若分带有骨头的菜，如鱼、鸡时，应剔除大骨头。将刀叉或专用餐具摆放在铺好餐巾的托盘上，然后逐位按左叉右刀原则，摆在餐碟的两侧。如顾客需要，可协助顾客分割菜品或帮助顾客除去外壳。使用托盘送上洗手盅，每人一份，摆在餐位的右上方，同时要礼貌地向顾客说明用途。递送小毛巾并为顾客斟茶。顾客用完该道菜并洗手后，将洗手盅、茶具和小毛巾撤下，并及时将刀叉撤下。

2.汤类菜品的分派

服务人员应先将盛器内的汤分进顾客碗内，再将汤中的原料均匀地分入顾客的汤碗中。

3.造型菜品的分派

一般情况下，应将造型菜品均匀分给每位顾客。如果菜品造型较大，可先分一半，处理完上半部分造型后再分剩余的一半；也可将可食用的造型物均匀地分给顾客，不可食用的部分则在分完后撤下。

4. 卷食菜品的分派

一般情况由顾客自己拿取卷食，如遇到老人或儿童较多时，则需要提供分菜服务。服务员将吃碟摆放于菜品的周围，放好铺卷的外层，然后逐一将被卷物放于铺卷的外层上，最后逐一卷上菜品送到每位顾客面前。

5. 鱼类菜品的分派

服务人员在分鱼前，要准备好分菜的工具——刀、叉、盘。服务人员应该先为顾客展示菜肴，将整鱼展示给顾客，并通报菜名，然后撤至旁边的服务桌。服务人员先将鱼身上的配料拨到一边，左手持叉，右手持刀，用叉轻压鱼背，以避免鱼在盘中滑动，注意切不可将叉叉进鱼肉中。随后用刀顺鱼的脊骨或鱼中线划开，将鱼肉分开，让整条鱼骨露出。再用叉轻压鱼骨，用刀将鱼骨剔出。将鱼骨放入服务盘中，整理成型，并将鱼肉恢复原样，浇上原汁。注意，整个操作过程中，不要将鱼肉碰碎，要尽量保持鱼的原形。

三、中餐酒水服务

餐厅服务人员应该按照中餐斟酒服务的规范来进行操作，使用托盘送酒入席。席间服务时，可徒手斟酒。开餐前，应该为顾客斟上红酒和白酒。第二轮斟酒的服务应从主宾开始。斟酒前，征求顾客意见："请问您喜欢用哪种饮料？"宴会若未提前定好酒水，顾客入座后，应先询问顾客是否选用酒水，例如："请问今天用什么酒，我们这有……"顾客选定后，按规范进行操作。宴会过程中，应注意随时添酒，务必不能使酒杯存在杯空无酒的状态，除非顾客明确表示不再添酒。

四、中餐席间服务

(一)清洁服务

餐间清洁服务包括餐桌的清洁服务和餐具等器具的撤换服务。餐桌清洁是指顾客用餐所需餐具应操持干净卫生、无油渍、无破损、无污染。服务中要保持转台和餐台的整洁，餐具应该在餐前餐后各清洁一次。同时，随时撤换顾客用过的餐具。

(二)"四勤"服务

1. 勤于询问顾客需求

服务人员应经常询问顾客的需求，尤其是当顾客坐在座位上四处张望时，或者没有弄清顾客的要求时，又或者需要顾客确认时，服务人员都应该勤于询问顾客的需求，及时提供服务。

2. 勤于观察

服务人员应经常观察所负责区域顾客的用餐动向，查看顾客的桌上是否有食物残渣或物品需要清理更换，并时刻留意顾客的潜在服务需求。

3. 勤撤脏盘

服务人员应经常撤换顾客用过的餐盘、酒杯，勤撤垃圾，随时保持餐台整洁。当杂物超过餐盘的 1/3 空间时，服务人员就应进行撤换。服务人员应使用右手从主宾的右边，依次撤去用过的餐盘，同时换上干净的餐盘。服务时，要使用礼貌用语："打扰一下，给您换一下骨碟可以吗？"当顾客帮着拿骨碟（或提供其他帮助）时应说声："谢谢！"

4. 勤添酒水

中餐宴会服务中，服务人员应勤于为顾客续添茶水或酒水。顾客的酒水只剩 1/3 时，应及时添加。

（三）其他服务

服务人员要做到快速提供服务，尽量做到走路轻、说话轻、操作轻。当顾客在餐间离座时，应主动帮助顾客拉开椅子、整理餐巾；待顾客回座时，应重新拉椅、落餐巾。当顾客祝酒时，服务人员应立即上前将椅子稍向外拉，坐下时稍向里推，以方便顾客站起和坐下。宴会服务中，服务人员要按规定姿势，站立于离顾客餐桌 1.5m 处，随时观察全部顾客的情况，出现问题及时处理。

五、中餐服务过程中特殊情况的处理

1. 关于酒、汤洒到顾客身上的处理

顾客用餐时不慎将酒杯碰翻，酒水流淌时，服务人员应安慰顾客，及时用干餐巾将台布上的酒水吸去，然后用干净的餐巾铺垫在湿处，同时换上酒杯，斟好酒水，用温毛巾给顾客擦拭去污，并重新为顾客铺好餐巾，请顾客继续用餐。

汤汁撒在进餐顾客的衣服上，这种意外情况在餐厅里时有发生。当这种意外情况发生时，服务人员要沉住气，不要惊慌，应先将手里的菜盘平稳地放在服务桌上，并向顾客致歉，表示关注，然后立即找来干净的湿毛巾为顾客擦拭衣服，切不可随手抓来一块布，也不管是否干净就开始擦拭。擦拭时要注意，如果是女顾客宜安排女服务员擦拭。此外，根据污迹的大小和顾客的态度，适时提出为顾客免费洗衣，并为顾客找来替换的干净衣服，同时要报告上司，尽快为顾客安排免费洗衣服务，并及时送还顾客。在这个过程中，切勿与顾客进行争辩。进餐顾客衣服被弄脏已经是很不愉快的事情，如果处理不当，忙中再出错，或是补救措施没有跟上，会使顾客更加气恼，因此，谦恭有礼和尽快果断采取补救措施才是应变的重要原则。

2. 关于顾客损坏餐具的处理

顾客在餐厅用餐过程中损坏了餐具，一般来说都是无意造成的。遇到这种情况，服务人员不要脸色阴沉，责备训斥顾客，应该和气地宽慰顾客，并将备用的餐具送上，请顾客继续用餐，防止破坏进餐的和谐气氛。待顾客用餐结束时，对顾客讲清餐具赔偿原则，并注意适当减收部分折旧费，一般来说，顾客都会理解并照章办事。如果个别顾客为发泄不满，故意损坏餐具，应要求其按原价赔偿，并视情节严重程度向上司报告。但在整个处理过程中，服务人员应尽量做到有理有节，尽可能在小范围内解决问题，不要因一人一事而影响其他顾客的进餐情绪。

3. 关于顾客"顺手牵羊"的处理

若发现顾客擅自拿取餐厅某些用具，服务人员应马上向领班汇报，由领班有礼貌地向顾客耐心说明保管好餐厅物品是服务人员的责任，设法让顾客自觉交还。若经说明后，顾客坚持不承认，应报告餐厅经理处理。

任务　4　中餐餐后服务

🖐 | 任务要求

通过完成本任务，使学生了解中餐各类餐具的清洁、保养与储存的方法，熟练进行各类中餐餐具的清洁、保养和储存等工作，并依据中餐餐后服务工作的基本要求，做好结账、送宾、清洁和收尾等工作，以保障中餐服务工作的圆满完成。

📖 | 知识链接

一、餐具清洗

服务人员应及时洗净使用过的餐具，餐具以及盛放或接触直接入口食品的容器和工具在使用前应消毒。餐具清洗主要有手工清洗和洗碗机清洗两种方法。

（1）手工清洗　采用手工方法清洗时，服务人员应按以下步骤进行：刮掉餐具表面的食物残渣，用含洗涤剂的溶液洗净餐具表面，用自来水冲去餐具表面残留的洗涤剂。

（2）洗碗机清洗　采用洗碗机清洗时，服务人员应按设备使用说明操作。洗碗机应经常检修，保持其正常的工作状态。

服务人员在餐具清洗消毒后，应将餐具沥干、烘干。可以使用抹布擦干，但抹布应为专用的，并经过清洗消毒后方可使用。切记不得重复使用一次性餐具。

二、餐具消毒

餐具消毒宜采用蒸汽等物理方法，因材料、大小等原因无法采用该方法的除外。餐具消毒设备（如自动消毒碗柜等）要保证能正常运转，并定期检查消毒设备或设施的运行状态。采用化学方法消毒时，消毒液应现用现配，并定时测量消毒液的浓度，保证安全。

1. 物理消毒

（1）蒸汽、煮沸消毒　采用蒸汽、煮沸消毒时，温度一般控制在100℃，并保持10分钟以上。

（2）红外线消毒　采用红外线消毒时，温度一般控制在 120℃以上，并保持 10 分钟以上。

（3）洗碗机消毒　采用洗碗机消毒时，消毒温度、时间等应确保消毒效果满足食品安全国家标准和要求。

2. 化学消毒

化学消毒主要是指使用各种含氯消毒剂消毒。

（1）使用含氯消毒剂的消毒方法　服务人员应该严格按照含氯消毒剂产品说明书标明的要求配制消毒液，消毒液中的有效氯浓度宜在 250mg/L 以上。将餐具全部浸入配置好的消毒液中 5 分钟以上，再用自来水冲去餐具表面残留的消毒液。

（2）使用二氧化氯消毒剂的消毒方法　服务人员应该严格按照产品说明书标明的要求配制消毒液，消毒液中的有效氯浓度宜在 100 ～ 150mg/L。将餐用具全部浸入配置好的消毒液中 10 ～ 20 分钟，再用自来水冲去餐具表面残留的消毒液。

三、餐具洗涤、消毒合格标准

《食品安全国家标准 消毒餐（饮）具》（GB 14934—2016）对餐（饮）具的消毒合格标准作出了明确规定：在感官要求上，餐（饮）具应表面光洁，不得有附着物，不得有油渍、泡沫、异味；在洗消剂残留量上，游离性余氯含量不超过 0.03mg/100cm^2，不得检出阴离子合成洗涤剂；在微生物含量上，不得检出大肠杆菌或沙门氏菌。

四、餐具保养与储存

服务人员应将消毒后的餐具以及盛放或接触直接入口食品的容器和工具定位存放在专用的密闭保洁设施内，保持清洁。保洁设施应正常运转，并有明显的区分标识。同时，定期清洁餐具保养设施，防止清洗消毒后的餐具受到污染。

✎ | 任务实施

一、餐后服务

1. 协助顾客离开座位

在顾客用餐完毕，起身准备离开时，服务人员应上前为顾客拉椅。顾客起身后，提醒顾客有无遗漏物品，并向顾客致谢。

2. 送顾客离开餐厅

服务人员应走在顾客前方，将顾客送至餐厅门口。应帮助顾客按电梯，并在电梯来后，送顾客进入电梯，目送顾客离开。当顾客走出餐厅门口时，服务人员或餐厅经理礼貌与顾客道别，向顾客表示感谢，诚恳欢迎顾客再次光临。

3. 检查服务区

送客完毕，服务人员应立即回到服务区再次检查是否有顾客遗留物品。如有遗留物品，应尽快交还顾客，如顾客已经离开，要向餐厅经理汇报，将物品交给经理。

二、结账服务

在给顾客上完菜后，服务人员要到账台核对菜单。顾客要求结账时，请顾客稍后，立即去收银处取回账单。告诉收银员台号，并核对账单台号、人数、食品及饮品消费额是否准确无误。将账单放入账单夹内，确保账单夹打开时账单正面朝向顾客。随身准备结账用笔。

将取回的账单夹在账单夹内，走向主人右侧，打开账单夹，右手持账单夹上端，左手轻托账单夹下端，递至主人面前，请主人检查，注意不要让其他顾客看。

三、收尾工作

（1）减少灯光　当营业结束后，服务人员开始着手餐厅的清理工作。关掉大部分的照明灯，只留适当的灯光供清场用。

（2）整理餐台　先清理桌面，再撤走服务桌上所有的器皿，送至清洗。把餐布分类送往备餐间。

（3）清洁餐具及设备　服务人员应清洁服务区域的餐具和设备，以及四周护墙及地面、地毯等，确保无污渍、无油渍。

项目总结

通过四个任务的学习，学生能够了解中餐摆台的操作步骤和程序，掌握中餐早餐服务、中餐零点服务、团体用餐服务、中餐宴会服务程序，了解中餐上菜规则、中餐上菜的禁忌等。熟练掌握中餐餐中服务的流程，熟练进行中餐上菜服务、分菜服务、酒水服务和席间服务等餐中服务。了解中餐各类餐具的清洁、保养与储存的方法和中餐餐后服务工作的基本要求。

项目实训

实训一　中餐服务实操

组织学生到当地星级酒店具有代表性的宴会厅实景观摩学习，思考如何提升中餐服务质量。

实训二　中餐宴会摆台

学生通过综合运用所学知识，做到科学合理地设计台型，严格按照中餐宴会摆台流程和标准摆放餐具酒具，从而保证中餐宴会摆台的规范美观。组织学生查阅资料，深刻理解中餐宴会摆台流程和标准的重要性。每4～5个学生一组，讨论、分析小组成员有哪些不良的中餐宴会摆台习惯，今后应该怎样做。教师与学生共同对不同小组的讨论、案例分析（演讲）进行评判。最后，学生撰写实训报告。

项目四 ▶ 西餐服务

🔔 **项目导入**

　　张丽是某城市皇冠假日酒店西餐厅的服务员。某一天，酒店接到了来自俄罗斯顾客的晚宴预定。张丽从接到领班的通知开始，便着手进行西餐宴会的准备工作，包括俄式西餐摆台和装饰、餐前准备工作、菜单和酒水的讲解以及餐具及酒具的清洁和保养等，同时还要做好接待服务；随后张丽面对顾客的询问，在餐中进行了菜品介绍、侍酒服务和餐中清洁维护等工作；最后张丽亲切送客，并顺利完成了餐后结账、清洁和次日准备等工作。

🍵 **学习目标**

1. 能根据所服务顾客的实际需求，安排西餐餐前准备工作。
2. 能依据不同场景或地域风格，熟练进行不同类型的西餐摆台。
3. 能熟练进行西餐接待服务。
4. 能熟练掌握西餐餐中服务的流程和技能。
5. 能熟练进行侍酒服务。
6. 能讲解西餐中常见名菜、名点的产地、特点和加工方式。
7. 能熟练安排西餐餐后服务。

项目实施

任务 1　西餐餐前准备

任务要求

　　根据顾客晚宴预定的要求，确定西餐摆台的种类，选取相应的西餐餐具，按照西餐摆台原则进行西餐宴会摆台和装饰，完成西餐餐前准备工作。

知识链接

一、西餐的概念

　　西餐一般以刀叉为餐具、以面包为主食，多用长条形桌。西餐的主要特点是主料突出、形色美观、口味鲜美、营养丰富等。其菜式料理一般使用橄榄油、黄油、番茄酱、沙拉酱等调味料，正规西餐应包括餐汤、前菜、主菜、餐后甜品及饮品。西餐大致可分为法式、英式、俄式、美式、意式等不同风格。

二、西餐摆台的要求

　　摆台主要是指餐桌席位的安排和台面的摆设。摆出造型美观的台面，不仅可为顾客提供一个舒适、整洁的就餐环境，而且可为其带来愉悦、舒畅的心情，这也是美食不可缺少的一部分。摆台也包括餐桌上用来进餐的所有物品的摆放，具体包括餐具、酒具、餐巾、垫盘及其他辅助餐具。无论是散桌的摆台还是宴会的摆台，所使用的餐桌不外乎方桌、长桌或圆桌，根据需要也可以是由它们拼成的各式大型桌子。但无论桌子大小，桌上的摆设和用具大同小异。餐具基本上使用金属餐具，以刀、叉和勺三类为主。因菜肴种类不同，食用方式各异，使用的餐具在形状、大小上也有区别。

　　西餐在菜肴的色香味之外还特别注重用餐的氛围，除了用餐环境中的硬件设施，摆台就是营造氛围的关键。左叉右刀，先里后外，刀口朝盘；杯子与饮料关联，餐具与菜肴配套；桌垫与花瓶放中间，花瓶前摆盐和胡椒，盐和胡椒前面是牙签筒；需要摆放金、银及水晶器皿时，应佩戴手套，防止手印留在上面。

　　西餐摆台一直以来都备受重视，因为它同时提供了两种最受赞赏的美学享受——美食与美器。除了美食所带来的精致口感之外，餐具和酒具规范、准确的摆放、酒水与菜品完美的搭配、优雅的用餐礼仪，对顾客来说都是一种享受。

三、西餐餐具概述

西餐餐具是指摆放在餐桌上，用餐者进餐时拿取食物或盛放食物使用的工具。西餐餐具中无论是餐刀、餐叉、汤勺还是餐盘，都是手的延伸。西餐餐具因宗教、文化、菜品和用途的不同而分为不同的种类，如图4-1所示。西餐餐具一般由玻璃、陶瓷、陶器、粗陶器或瓷器等材质制成。

盐/胡椒：
两者通常同时传递，即使他人可能只需用到其中一种。不要在给食物调味之前试着品尝它们的味道。

高脚杯（玻璃杯）：
玻璃杯一般有4种。酒应该从杯子的右侧倒入，千万不要溢出来。

水杯　　红葡萄酒杯

席次牌：
主方一经排定就不会再更改座位布局。

白葡萄酒杯　　香槟酒杯

甜点勺和甜点用叉：如果甜点同时配备了叉和勺，则用叉固定甜点，用勺舀着吃。

面包碟和黄油刀：
将面包撕成一口大小放在面包碟中，再用黄油刀挨个抹上黄油，然后吃掉面包。

餐巾摆放：
入座后，等主人先拿起餐巾，然后客人再跟着行动，把它平铺在自己的腿上。

银器：
使用的正确顺序是由外而内，餐具一旦开始使用，就不应该再放回到桌子上。

沙拉叉　鱼叉　肉叉

餐具：
银器的数量表明了将会有几道餐点。正式的西餐晚宴有七道餐点，按顺序分别是：开胃菜、汤、副菜、主菜、蔬菜类菜肴、甜点和饮品（咖啡或茶）。

主餐刀　鱼刀　沙拉刀　汤勺

图 4-1　各类西餐餐具

（一）西餐餐具分类

西餐餐具种类繁多，每一种都有其特定的用途。西餐餐具按照用途的不同可分为刀具类、叉勺类、盘碗类和玻璃器皿类。

1. 刀具类

西餐刀是指在西式菜肴中使用的刀具，主要分为三种：主菜刀、鱼刀和沙拉刀。其中，主菜刀是最常用的一种，通常用于将牛排等大块肉类进行分割；而鱼刀则是专门用于处理各种大小不同的鱼类；沙拉刀则可以用来处理蔬菜、水果等食材。

此外，在西式料理中还有一些特殊的小型工具，如开瓶器、螃蟹钳等。

2. 叉勺类

叉勺类是指在进食时使用的叉勺工具，包括普通叉子和汤匙。普通叉子可分为沙拉叉和正式宴会上使用的晚宴叉两种类型；汤匙也有多个类型可供选择，如浅口汤匙和深口汤匙。

此外，在一些高档宴会上还会出现特殊形状或设计精美的金属筷子或调羹等。

3. 盘碗类

盘碗主要是指西餐中用于盛放菜品的容器，其中最基本的类型包括平底盘和深碗。平底盘通常用于装配各种菜肴，而深碗则主要用于盛汤或面条等食物。

此外，在一些特别的宴会上还会使用一些带有图案和花纹的、款式特别的盘碗。

4. 玻璃器皿类

玻璃器皿是指在西式餐桌上使用的水杯、酒杯、水晶酒杯等。其中，水杯、红葡萄酒杯和白葡萄酒杯最常见，而香槟杯多用于庆祝场合。

此外，在西式餐饮中还有一些特殊的玻璃器皿，如品尝雪莉酒时使用的小雪莉酒杯等。

（二）西餐餐具的基本组成方式

西餐餐具的基本组成方式主要有三种，分别是三件式、四件式和五件式，主要依据顾客点选的菜品种类而定。

1. 三件式餐具

西餐中的三件式餐具主要是由餐盘、杯子和碟子组成。

2. 四件式餐具

西餐中的四件式餐具主要包括餐盘、杯子、碟子和沙拉盘。

3. 五件式餐具

西餐中的五件式餐具主要包括餐盘、杯子、碟子、沙拉盘和黄油面包盘或汤碗。

（三）西餐餐盘的种类

西餐中，餐盘根据所盛放菜品的种类的不同，可分为六种类型。

1. 主餐盘

西餐中的主餐盘是指用于盛放各类西餐主菜的餐盘。例如：扒类菜品中的牛排、羊排、猪排、鸡排、鱼排等；粉类菜品中的意粉和烤千层面等面食；烤类菜品中的烤牛肉、烤猪肉、烤羊肉和烤鸡肉等。

2. 甜点盘

西餐中的甜点盘是指用于盛放各类西餐甜点的餐盘。例如：法式烤布蕾、柠檬芝士蛋糕、法式焦糖炖蛋、提拉米苏、法式李子馅甜品、巧克力卡布奇诺奶酪蛋糕、歌剧院蛋糕等。

3. 面包盘和黄油盘

西餐中的面包盘主要用于盛放各类面包；黄油盘又叫黄油碟，一般比面包盘小，用于盛放黄油，两者经常同时出现在餐桌上。西餐中，顾客只要点选了头盘、汤、沙拉、西式主菜，都应配上面包和黄油。面包要热，黄油要干净、冷冻。一般会使用托盘提供服务，并使用服务夹进行上菜服务。

4. 汤盘 / 碗

西餐中的汤盘或汤碗主要用于盛放各类西餐汤品。西餐汤可分成以下几种：清汤、奶油汤、蔬菜汤、浓汤、冷汤、特制的汤、地方性或传统性的汤。

5. 沙拉盘 / 碗

西餐中的沙拉盘或沙拉碗主要用于盛放各类西餐沙拉。沙拉系音译，即英语中的 **Salad**，又译作色拉。沙拉主要有三类，分别为水果沙拉、蔬菜沙拉、其他沙拉。沙拉的主要材料是水果和蔬菜，较少选用糖分和脂肪含量较高的食材。

6. 开胃菜盘

开胃菜盘主要用于盛放各类西餐开胃菜。开胃菜是西餐中的第一道菜肴或者是主菜前的开胃食品，它包括各种小份额的冷热开胃菜和开胃汤。特点是菜肴数量少、味道清新、色泽鲜艳，常带有酸味和咸味，并具有开胃作用。西餐开胃菜一般有冷头盘和热头盘之分，常见的品种有鱼子酱、鹅肝酱、熏鲑鱼、奶油鸡酥盒、焗蜗牛等。

四、西餐餐前准备工作流程

1. 明确餐区

西餐服务人员每日工作前，应该首先明确负责的具体餐区，并对餐区内的咖啡机、消毒柜、热水器、空调和茶具等服务设备设施进行维护、保养、清洁，对所负责餐区的地面、墙面和餐桌椅进行清洁、整理和装饰。

2. 清洁餐台

开餐前，西餐服务人员要负责所有餐桌和餐具等的卫生清洁工作，务必确保所有餐桌干净整洁，餐具光亮如新，桌布、口布洁净挺括，酒具水具透亮无痕，地面无尘无水渍。

3. 备品就绪

开餐前，西餐服务人员应该将所有顾客就餐的备品准备完毕，包括今日例菜（主厨推荐或特价菜）板已更新、餐桌调味品已补充、盐瓶和胡椒瓶已重新装满，同时整理菜单，点燃蜡烛，按照风格布置装饰盘、餐具、餐巾和玻璃器皿；补充饮料，并为酒吧取冰。

4. 熟记菜单

通常情况下，餐厅会定期更换菜单，餐厅服务人员会在轮班前与经理或厨房工作人员会面，以检查当天的菜品。熟记特色菜的制备方式以及菜品中存在的潜在过敏源。

✍ | **任务实施**

一、布置正式西餐摆台、休闲西餐摆台和基本西餐摆台

正式西餐摆台、休闲西餐摆台和基本西餐摆台是西餐中常见的三种摆台方式，摆台的风格以及所需的餐具和器皿也各不相同，但基本的使用规则是不变的，即左手持餐叉，右手持餐刀和餐勺。因此餐具要按照使用的顺序来摆放，即先用到的餐具会摆放到最外侧，距离顾客双手最近的位置，方便顾客取用。为确保顾客使用正确的餐具用餐，服务人员要依据顾客所点菜品提供相应的餐具或酒水器皿。例如，如果顾客没有点选酒水，服务人员就可以将酒杯从餐桌上取走。正式西餐摆台多选用高品质的餐具，而实用

型的、经济型的餐具更适合基本西餐摆台使用。

（一）正式西餐摆台

正式西餐摆台又叫西餐宴会摆台，是在高级餐厅、正式活动或婚礼餐饮活动中经常看到的一种台面和场所布置的摆台风格。由于正式西餐为顾客提供的菜品几乎涉及西餐所有种类，正式西餐摆台也呈现出种类齐全的餐具，如图4-2所示。一般情况下，正式西餐摆台是以七道菜所需餐具为摆放依据而设计的，包括开胃菜、汤、副菜、主菜、蔬菜类菜肴、甜点和饮品（咖啡或茶）。

1. salad fork 沙拉叉	13. meat knife 主餐刀
2. fish fork 鱼叉	14. fish knife 鱼刀
3. meat fork 主餐叉	15. salad knife 沙拉刀
4. napkin 餐巾	16. soup spoon 汤勺
5. butter knife 黄油刀	17. tea spoon 茶勺
6. bread plate 面包碟	18. seafood fork 海鲜叉
7. dessert spoon 甜点勺	19. water goblet 水杯
8. dessert fork 甜点叉	20. champagne flute 香槟杯
9. place card 席次牌	21. red wine glass 红葡萄酒杯
10. salad plate 沙拉盘（上）	22. white wine glass 白葡萄酒杯
11. main course plate 主餐盘（中）	23. Sherry glass 雪莉酒杯
12. charger 装饰盘（下）	

图 4-2　正式西餐摆台

注意，由于世界技能大赛及全国职业院校技能大赛"餐厅服务"赛项需要选手使用英语进行台面主题介绍，因此，本教材部分图片中标注了餐具的中英文对照名称，为同学们今后参赛提供借鉴和参考。

1. 正式西餐摆台要求

正式西餐摆台经常会用到比较多的餐具和酒水器皿，因此，合理安排桌面的空间和距离就显得尤为重要。正式西餐摆台是遵循一定的惯例进行摆放的。首先装饰盘应该摆放在顾客餐桌正中的位置，起到定位的作用。然后以装饰盘为中心，按照"由里向外"的方向来依次摆放餐刀和餐叉。需要注意的是，进餐顾客使用餐具方向是相反的，顾客首先使用距离主餐盘最远的餐具，然后朝着装饰盘的方向，也就是"由外向里"依次使用餐具。例如，顾客进餐顺序是开胃沙拉、汤和主菜，那么沙拉叉就应该是放置在最左边的餐具，距离顾客手最近的地方，不用跨越其他餐具去拿取。然后主餐盘左右两侧向"内"，顾客依次会使用到汤勺和主餐刀叉。一般情况下，每道菜品用完后，与之相匹配的餐具也会随之一起被撤掉。餐具摆放的位置和方向代表不同的含义，如果餐叉的叉尖向上，餐刀的刀刃向外、与餐叉并拢，平行放置于餐盘上，表示用餐结束，服务人员可将餐具取走；如果汤勺横放在餐盘上，勺心向上，表示用汤结束，服务人员可将汤勺取走。当然，尚未使用的餐具会依旧保留在餐桌上。

2. 正式西餐摆台顺序和规范

（1）桌布　西餐桌布的种类很多，因纯棉台布吸湿性能好，大多数餐厅均使用纯棉提花桌布。桌布的图案和颜色各有不同，多数选用白色。桌布颜色的选择，要与餐厅的风格、装饰、环境相协调。桌布的形状大体有四种：正方形、长方形、圆形及异形。正方形餐台常用正方形和圆形桌布，长方形餐台则多用长方形桌布，高档宴会则采用多层、两种形状以上的桌布。

（2）装饰盘和主餐盘　西餐中的装饰盘应该摆放在顾客餐位前桌面的正中位置，距离餐桌边 1cm。主餐盘应放置在装饰盘的上方，用于盛放各种主菜。

（3）面包盘和黄油刀　如果顾客点选的菜品包括面包，服务人员需要将面包盘放置在装饰盘或主餐盘的左上角，并将黄油刀放在面包盘上，刀刃朝左下方，刀把朝右下方。

（4）餐叉　西餐服务人员应将餐叉摆放在餐盘的左侧，并且依据"从外向里"的方向依次摆放沙拉叉、鱼叉和主餐叉。各类餐叉的底部应与餐盘底部对齐。

（5）餐刀　西餐的餐刀一律摆放在餐盘的右边，主要是依据"从内向外"的方向依次摆放餐盘右侧的各类餐具，分别是主餐刀、鱼刀和沙拉刀。

（6）甜品勺和甜品叉　西餐中的甜品勺和甜品叉应该摆放在主餐盘的上方，横向摆放。西餐餐桌上的所有餐具应间隔均匀。

（7）水杯　一般情况下，水杯应该摆放在主餐刀的上方，便于顾客随时取用。

（8）红葡萄酒杯　西餐服务人员应该将红葡萄酒杯摆放在水杯的右下方，两者在一条直线上，呈 45° 角。

（9）白葡萄酒杯　西餐服务人员应将白葡萄酒杯摆放在红葡萄酒杯的右下方，与水杯和红葡萄酒杯保持在一条直线上，呈 45° 角。但是有时受限于餐桌的摆放面积，也可以将水杯、红葡萄酒杯和白葡萄酒杯摆放成三角形。

（10）咖啡杯和碟　如果顾客点选咖啡，那么服务人员应该将咖啡杯和碟放置在汤勺上方稍微偏右的位置，方便顾客取用。

（二）休闲西餐摆台

1. 休闲西餐摆台要求

休闲西餐摆台通常用于宴会和午餐会，也被称为非正式餐桌摆台。目前休闲西餐摆台是婚礼餐桌布置和现代休闲餐厅的热门选择。一般情况下，休闲西餐提供的餐具主要是围绕三道菜来设计的，如汤、沙拉、主菜等，如图 4-3 所示。

图 4-3　休闲西餐摆台

当然，如果顾客进餐时点选了葡萄酒、茶或咖啡等饮品，服务人员就应该将酒杯、茶匙或咖啡勺等餐具加入摆台中。

2. 休闲西餐摆台顺序和规范

布置休闲西餐摆台时，餐具的摆放也要遵循各自的摆放规则，如图 4-4 所示。

（1）装饰盘   休闲西餐的装饰盘应该摆放在顾客餐位前的桌面正中，距离餐桌边缘 1cm 的位置。

（2）主餐刀   休闲西餐中的主餐刀应该摆放在装饰盘的右边。

（3）汤勺   休闲西餐中的汤勺要依据"从里向外"的方向，摆放在主餐刀的右边。

（4）咖啡勺   如果顾客点选了茶或咖啡等饮品，服务人员应该将咖啡勺或茶匙摆放在汤勺的右侧。

（5）主餐叉   休闲西餐中的餐叉一律摆放在装饰盘的左边，主餐叉摆放在距离装饰盘最近的位置。

（6）沙拉叉   依据"从里向外"的方向，沙拉叉应摆放在主餐叉的左侧。

（7）面包碟   休闲西餐中的面包碟应该摆放在装饰盘左上角的位置。

（8）黄油刀   休闲西餐中的黄油刀应放置在面包盘上，刀刃朝下，刀柄朝右。

（9）水杯   休闲西餐中的水杯应该摆放在主餐刀的上方，便于顾客随时取用。

（10）红酒杯   如果顾客点选了葡萄酒等饮品，服务人员就应该将酒杯摆放在水杯的右下方。

（11）餐巾   餐巾折叠整齐或成固定形状，置于装饰盘上或其左侧。

1. charger 装饰盘
2. meat knife 主餐刀
3. soup spoon 汤勺
4. coffee spoon 咖啡勺
5. meat fork 主餐叉
6. salad fork 沙拉叉
7. bread plate 面包碟
8. butter knife 黄油刀
9. water goblet 水杯
10. red glass 红酒杯
11. napkin 餐巾

图 4-4   休闲西餐摆台示例

（三）基本西餐摆台

1. 基本西餐摆台要求

基本西餐摆台几乎适用于所有类型的餐厅和休闲餐饮活动中。一般情况下，由于基本西餐只包含一道菜品，因此，基本西餐摆台中使用的器具是较少的。同时为满足顾客随时调换餐具的需要，餐厅会提供充足的各类餐具，确保满足顾客使用需要。

2. 基本西餐摆台顺序和规范

基本西餐摆台可以按照以下顺序进行布置，如图 4-5 所示。

（1）装饰盘 在基本西餐摆台中，装饰盘应该摆放在顾客餐位前的桌面正中，距离餐桌边缘 1cm 的位置。

（2）主餐刀 基本西餐摆台中，一般会将主餐刀摆放在装饰盘的右边。

（3）主餐叉 基本西餐摆台中，服务人员可以将餐叉摆放在餐巾上。

（4）水杯 基本西餐摆台中，服务人员将水杯或咖啡杯摆放在餐刀的上方，依据顾客所点选的饮品进行选择。

（5）餐巾 基本西餐摆台中的餐巾一般会被折叠成简洁大方的形状，摆放在装饰盘的左边，方便顾客随时取用。餐叉可置于其上。

1. charger 装饰盘
2. meat knife 主餐刀
3. meat fork 主餐叉
4. water goblet 水杯
5. napkin 餐巾

图 4-5 基本西餐摆台示例

二、布置欧式西餐摆台、美式西餐摆台和俄式西餐摆台

（一）欧式西餐摆台

进行传统的、正式的欧式西餐摆台，需要了解欧式西餐用餐的礼仪。正确的欧式西餐摆台以及欧式风格餐桌布置，可以给参加宴席的顾客留下积极的印象，让顾客们感觉宾至如归。

欧式西餐摆台顺序和规范如下：

（1）桌布 欧式西餐摆台中，通常会在餐桌上铺一张与宴会主题相匹配的桌布，同时，桌布的设计会与餐具的款式以及餐桌中心的主题装饰物风格相协调，以确保其相得益彰。

（2）装饰盘 欧式西餐摆台中，确定装饰盘的摆放位置是很重要的。一般情况下，摆台中其他所有餐具是通过装饰盘来定位的。同时，服务人员一定牢记，食物绝对不能直接接触到装饰盘，即不可以将食物直接放置在装饰盘上，每道菜必须是盛放于餐盘中，再将餐盘放置在装饰盘上。通常，装饰盘作为每道菜的基础盛放餐具，不会被移除或调换。一般情况下，欧式宴会中顾客与顾客的间距应保持在 0.5m 左右，服务人员可据此定位装饰盘。

（3）主餐盘　欧式西餐摆台中，主餐盘应该直接摆放在装饰盘的上方。如果宴会计划供应多道主菜，应适当增加主餐盘的数量，以备后续服务所需。

（4）餐巾　欧式西餐摆台中，一般会将餐巾摆放在餐盘上。通常，服务人员会将餐巾折叠成一个简单的三角形或方形，强化餐巾干净、挺括、简洁、未经使用的印象。当然也有餐厅将餐巾折叠成各种折花的形状，并配有餐巾环，起到装饰和固定的作用。也有将餐巾放置在装饰盘上或水杯旁边，目的是方便顾客取用，切记不能造成顾客必须移动餐具或食物才能取用餐巾的情形。如果在顾客就座时，第一道菜已经供应上桌，服务人员应立即将餐巾从餐巾环中取出，提供给顾客使用。

（5）酒杯　欧式西餐摆台中，服务人员应该将各类酒杯摆放在主餐盘的右上方，以便盛放所供应的酒水或饮料。先将水杯摆放在主餐刀的上方，然后依次摆放香槟杯、红葡萄酒杯、白葡萄酒杯和雪莉酒杯（小甜酒杯）。

（6）餐刀　欧式西餐摆台中，按照餐刀的使用顺序，将餐刀"由里向外"依次摆放在主餐盘的右侧，依次摆放主餐刀、鱼刀和沙拉刀，注意，餐刀的刀刃应朝向主餐盘。

（7）餐勺　欧式西餐中，如果顾客点选汤类菜肴，应该将汤勺摆放在餐刀的外侧，餐勺的凹面朝上。如果顾客同时点选了茶和咖啡等饮品，也要同时摆放茶匙和咖啡勺。

（8）餐叉　欧式西餐摆台中，应将各种餐叉摆放在主餐盘的左侧。依据"由里向外"的方向，依次摆放主餐叉、鱼叉和沙拉叉。

（9）甜点叉勺和海鲜叉　欧式西餐中，如果顾客点选了甜点，应该将甜点叉和甜点勺平行放置在主餐盘上方，甜点叉放在甜点勺正下方，手柄向左；甜点勺在上，手柄向右。

（10）面包碟　放置在主餐盘的左上方，可将黄油刀水平放置在面包盘的上面，刀刃朝下，刀柄朝右。

（11）咖啡/茶　欧式西餐摆台中，咖啡杯和茶杯也应杯放置在主餐盘的右上方，方便顾客取用。同时在咖啡杯和茶杯的下方放置一个碟子和搅拌勺，记得要向顾客示意，热饮已送达。

（二）美式西餐摆台

美式西餐摆台比较看重顾客之间的用餐距离，应该确保每位顾客之间都有足够的空间，方便顾客使用餐具，空间过于狭窄会令顾客感到局促和拥挤。美式西餐摆台的顺序和规范如下（见图4-6）：主餐盘需要放置在每个餐位前面的餐桌中间位置，面包碟或沙拉盘放在主菜盘的左上方，黄油刀应该放在面包盘上，刀柄指向右侧。一般情况下，酒具和水具应放在主餐盘的右上方，咖啡杯或茶杯置于主餐盘的右侧。若同时提供酒和水，如果没有足够的空间，热饮杯可以放在右侧餐位的上方。美式西餐用餐礼仪中餐具的使用顺序也是"由外向内"，即开胃菜和第一道菜的餐具应该摆放在离主餐盘最远的位置。在美式西餐用餐期间，服务人员可能需要向顾客提供用于切肉、海鲜去壳或享用甜点的额外餐具，这些餐具应与相关菜品一起分发给顾客，如牡蛎刀等。正式宴会摆台中，必须布置餐巾。餐巾可以摆放在主餐盘上，在主菜上桌前由顾客取下，也可以布置于餐叉的左侧。顾客落座后，应将餐巾展开，并平铺于膝盖上。

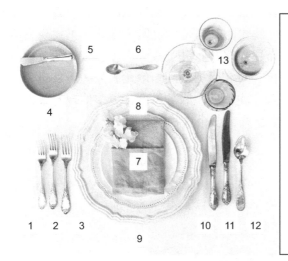

1. fish fork 鱼叉
2. salad fork 沙拉叉
3. meat fork 主餐叉
4. bread plate 面包碟
5. butter knife 黄油刀
6. dessert spoon 甜点勺
7. napkin 餐巾
8. main course plate 主餐盘
9. charger 装饰盘
10. meat knife 主餐刀
11. salad knife 沙拉刀
12. soup spoon 汤勺
13. glasses 玻璃杯

图 4-6　美式西餐摆台

注意，欧式西餐和美式西餐在提供菜品的顺序上存在差异，例如欧式西餐中，一般是在主菜后供应沙拉，而美式西餐则正相反，先供应沙拉、再供应主菜。因此，在美式西餐摆台中，依据"从左至右"的顺序，在主餐盘左侧依次摆放鱼叉、沙拉叉和主餐叉，在右侧依次摆放主餐刀、沙拉刀和汤勺。

另外，美式西餐摆台中经常会使用桌布或餐垫。对于美式正式晚宴，通常会选用由丝绸或亚麻等奢华材料制成的桌布，桌布的宽度应超出餐桌边缘，下垂 30cm 左右。餐垫适合在美式早餐、午餐或非正式晚餐使用，一般不出现在正式宴会上。美式西餐摆台中餐巾的使用比较灵活，可以有不同的摆法，如图 4-7 所示，折叠成餐巾花以后，既可以放在餐盘上，也可以置于酒具中作为装饰。

图 4-7　美式西餐摆台中餐巾的不同摆法

（三）俄式西餐摆台

俄式西餐无论是摆台、餐桌椅的选择，还是用餐环境的装饰布置，通常都体现着浓郁的俄罗斯风格，如图4-8所示。俄式西餐摆台主要用于宴会、正式晚宴活动和许多高级餐厅的正式布置，通常其餐桌布置风格独特并极具吸引力。俄式西餐摆台追求典雅风格，餐具摆放规范，讲究服务礼仪，对客服务周到。俄式服务一般每桌只配备一名服务人员，服务速度快，讲究操作技巧，注重展现服务风度，更多体现对客人的照顾。俄式服务一般根据客人的实际需要分派食物，多余食物则收回。

图4-8　俄罗斯风格西餐环境装饰

俄式西餐在进餐时采取分餐制，使用刀叉进餐。刀叉的摆放位置是：餐叉在盘碟的左边，餐刀和餐勺在右边，酒杯在盘碟的前面（见图4-9）。用餐者右手拿刀，左手拿叉。吃完一道菜后，将刀叉并排放在餐盘上，刀柄、叉柄朝右，服务人员会将其收走。如果下一道菜还要使用刀叉，而盘子左右没有备用的刀叉，就要把刀叉放在桌子上。

图4-9　俄式西餐摆台

而在正式的宴会上，每吃一道菜就要换一副刀叉，一般所有的刀叉都会提前摆在餐盘的两侧和上方，进餐时按由外及里的顺序使用，有多少副刀叉就说明有多少道菜。吃不同的食物使用不同的叉，吃凉菜的叉比较小，吃热菜的叉比较大。

用餐时，忌讳发出声响，并且不能用匙直接饮茶，或让其直立于杯中。通常，俄式西餐只使用盘子，而不用碗。

需要特别注意的是，在享用俄式西餐时一定要遵守喝伏特加酒的礼节。伏特加酒是用来敬酒的，不能啜饮。男士要一饮而尽，女士则不用。一定不要将伏特加酒与其他饮料混合饮用，也不能进行稀释。

任务 2 西餐接待服务

🐞 | 任务要求

通过完成本任务，学生能够描述西餐服务前的准备要求，列举接待服务主要职责，复述西餐各类菜肴和酒水的知识以及二者的搭配，能够演示西餐接待服务的流程，实践操作西餐接待服务。

📖 | 知识链接

一、西餐接待服务的主要职责

服务人员的一举一动都代表着餐厅的形象，餐厅服务人员的职责就是直接为顾客提供餐饮服务，确保顾客享受到优良的用餐体验。

1. 牢记菜单

作为服务人员，只要进入餐厅工作，首要的任务就是要牢记菜单。一般情况下，餐厅会在某些特殊日子或周末提供不同的轮换菜单，这就要求服务人员能够记住菜单上的所有信息，并随时能为顾客提供特价菜品信息。同时，服务人员应该能快速准确地回答顾客的问题，并为顾客提出合理的建议，这可以提升顾客的满意度，有利于树立餐厅良好的形象。

2. 装饰美化餐区

作为西餐服务人员，也要负责开餐前所有餐区的装饰布置工作，主要包括西餐摆台、摆放餐桌和餐椅、制作主题装饰品和装饰餐厅等，工作量非常大。在一些情况下，为了迎接较多数量或较高规格的顾客，服务人员的布置和准备时间可能长达 2 小时以上。

3. 掌握不同风格西餐摆台规则

西餐服务人员需要掌握正式西餐摆台（即西餐宴会摆台）、休闲西餐摆台和基本西餐摆台等三种不同类型的摆台规则，也需要掌握欧式西餐摆台、美式西餐摆台和俄式西餐摆台等三种不同地域风俗习惯的西餐摆台规则。

4. 为顾客提供食物和饮品

西餐服务人员需要根据餐厅承办活动的不同，对照订单，按照顾客要求，与厨房协商并落实不同食物和饮品的供应，如为顾客提供单独的餐具、提供定制的自助餐食或饮品等。这些工作繁杂琐碎，需要服务人员耐心和细致的工作。

5. 维护餐区的清洁

西餐服务人员除了为顾客提供食物和饮品外，还要负责餐区的清理工作和服务设备的维护保养工作，包括在每桌顾客用餐后所有餐具、酒具等的清理，餐区清扫和吸尘，棉织品的洗涤，以及咖啡机、消毒柜、榨汁机等服务设备的清洁维护保养工作。

6. 更新备品

西餐服务人员日常工作中还包括更新备品，包括更新每日菜品特价板；补充所有餐桌的调味品，如重新装满盐瓶和胡椒瓶等；整理菜单；补充饮品和服务设备中的备品，例如补齐咖啡豆、茶叶及饮用水等；摆放餐具、餐巾、酒具和水具，并为酒吧取冰，以及备齐各类备餐物品。

7. 参与制定菜单

一些西餐厅会定期更换菜单，西餐服务人员会在轮班前与餐厅经理或厨房工作人员会面，以检查当天的菜品。通常，服务人员要与其商量更新哪些特色菜、讨论食物的制备方式，以及规避食物中可能存在的潜在过敏源等事项，直至最终确定菜单。

8. 保持良好的个人卫生

西餐服务人员应该随时保持干净、整洁的仪容仪表以及热情、主动的工作状态，这不仅是餐饮从业人员的职业礼仪要求，也是服务人员的基本职业素养。西餐服务人员应在上班前淋浴、刷牙和清洁头发。此外，男士需剃须洁面并确保制服洁净、熨烫挺括，女士忌化浓妆并要将头发盘起。最后，在工作期间，服务人员应经常用肥皂和温水洗手，保持手部清洁。

二、西餐菜肴的种类

当西餐厅设计和制定菜单时，必须考虑到顾客的口味和饮食禁忌。西餐菜单设计应做到菜品搭配合理、品种丰富且营养均衡。西餐服务人员为顾客提供服务时，应该对菜品的产地、种类、特点和加工方法等了如指掌，以便随时为顾客介绍菜品，协助顾客选菜点单。正式西餐共有七道菜，包括开胃菜、汤、副菜、主菜、蔬菜类菜肴（沙拉）、甜点和饮品。

1. 开胃菜

开胃菜，又叫头盘，有冷头盘和热头盘之分，常见的有鱼子酱、鹅肝酱、熏鲑鱼、奶油鸡酥盒等，味道以咸和酸为主，以刺激食欲。精选的生鲜蔬菜、沙拉也是西餐宴会头盘用餐的常见的选择。

2. 汤

西餐中大部分汤也是起开胃作用的。汤类大致可分为清汤、奶油汤、蔬菜汤和冷汤四类，品种有牛尾清汤、各式奶油汤、意式蔬菜汤、俄式罗宋汤等。

3. 副菜

副菜是开胃类菜和主菜之间的过渡，除了较正式的场合外，一般可有可无。西餐中的副菜主要是水产类菜肴与蛋类、面包类、酥盒菜肴，包括鱼类、贝类及软体动物类，通常叫作白肉。因为鱼类菜肴的肉质鲜嫩，比较容易消化，所以放在肉类菜肴（主菜）前面。常见的副菜有腌三文鱼、红酒鹅肝、奶酪汁龙虾等。

4. 主菜

主菜多是精美的肉菜，以猪、牛、羊肉为主，最有代表性的是牛排、羊排和牛羊肉等，常采用烤、煎、铁扒等制作方式。例如，烤牛肉或猪肉、无骨酿鸡胸肉、烤鱼或贝类以及素食炒菜等。为顾客提供主菜时需要注意，酱汁或肉汁通常作为肉类和家禽类主菜的可选配菜，应与主菜一起提供给顾客，以供顾客搭配食用。

5. 蔬菜类菜肴（沙拉）

蔬菜类菜肴在西餐中也被称为沙拉，通常是在主菜之后被端上桌，有时也会与主菜一起上桌。在非正式场合，一些不用调味汁的沙拉还可以当作开胃菜上桌。沙拉一般以生菜、西红柿、黄瓜、芦笋等蔬菜为主要食材，配以水果、淀粉类（如土豆）食物制作而成。沙拉主要的调味汁有醋油汁、法国汁、奶酪沙拉汁等。西餐沙拉中广受大众喜爱的蔬菜有青豆、豌豆、西兰花和玉米。

6. 甜点

一般情况下，西餐的甜点是主菜后提供给顾客享用的一系列食物，如布丁、煎饼、冰淇淋、奶酪、水果等。宴会上的甜点选择通常包括水果、蛋糕、点心、奶油和巧克力。目前，水果馅饼、芝士蛋糕、巧克力蛋糕和布朗尼蛋糕是西式宴会的首选甜点。

7. 饮品

西餐最后一道菜品是饮品，一般为咖啡或茶。咖啡一般需要加糖和淡奶油。为顾客提供西餐服务时需要注意，每位顾客的水杯或饮品杯始终都应该是装满的状态，这要求服务人员要经常关注顾客的饮用状态。同时，在餐中和餐后服务中，应该随时为顾客提供热茶、冰茶、现煮咖啡或软饮料等饮品选择，当然一些宴会通常会提供葡萄酒、啤酒和一些混合饮料。

三、西餐酒水的种类

正式的西餐宴会上，酒水与菜品的搭配十分严格。一般来讲，吃西餐时，每道不同的菜肴要搭配不同的酒水，吃一道菜便要换一种酒。西餐宴会上的酒水，可以分为餐前酒、佐餐酒和餐后酒三种。

1. 餐前酒

餐前酒又称开胃酒，是在正式用餐前或在吃开胃菜时与之搭配的酒水。餐前酒大多是鸡尾酒、雪莉酒或香槟酒。

2.佐餐酒

佐餐酒又叫餐酒，它是在正式用餐时饮用的酒水。常用的佐餐酒为葡萄酒，包括红葡萄酒和白葡萄酒。

3.餐后酒

餐后酒指的是在用餐完毕之后，用来帮助消化的酒。最常见的餐后酒包括利口酒和有"洋酒之王"之称的白兰地酒。

📝 | 任务实施

一、西餐接待服务

1.迎接与领位

服务人员迎接顾客进入餐厅时，首先要面带微笑并向顾客问好，问清顾客是否有预订，视顾客的具体人数将其引领到合适的餐台。为顾客领位后，依照"女士优先"的原则先给女性顾客拉椅让座。为顾客安排座位并提供水和已备鸡尾酒。

2.餐前酒水服务

餐前酒一般是开胃酒或鸡尾酒。当顾客落座后，应介绍本餐厅的餐前酒，记下每位顾客所点的酒水，并复述一遍，尽快送上餐前酒。未点餐前酒的顾客应为其倒上冰水。

3.点单服务

点单时，服务人员一般按照"先女后男""先宾后主"的顺序，在顾客的左边为每位顾客递送一份干净的菜单。同时为顾客介绍菜品，推荐特色菜，并回答有关菜品的细节问题。点单时，服务人员一般站在顾客右边，从主人右侧的顾客开始，按逆时针方向逐一记录所点菜品。并根据顾客所点菜品，介绍推销与其相配的佐餐酒。顾客点单后，迅速将菜单交付给厨房工作人员。

顾客点酒时，服务人员需要询问顾客享用酒水的具体细节，并迅速开出餐酒订单。如果顾客点红葡萄酒，要问清是现在喝，还是配主菜喝，问明何时开启酒瓶。根据订单中的酒水重新摆放所需酒杯，将多余的酒杯撤下。

二、西餐酒水与食物搭配

西餐中，不同的菜品要搭配不同的酒水，以给顾客提供最佳的味蕾体验。因此，西餐服务人员应该掌握一些食物和酒水搭配的基础知识，尤其是最为常见的葡萄酒的选择与搭配，以便在西餐服务中为顾客提供合适的建议。

（一）红葡萄酒与菜品或奶酪的搭配

1.红葡萄酒与菜品搭配

在葡萄酒与菜品的搭配中，"红酒配红肉"是西餐服务人员必须掌握的餐酒搭配基本规则之一，也是能快速帮助顾客解决选酒难题的一种有效建议。红葡萄酒与牛排等红肉能完美搭配的原因是，红葡萄酒能够软化肉中的蛋白质，并有助于增强脂肪的风味。使肉质变软的主要原因是单宁酸，这是一种多存在于红葡萄酒中的化合物。尤其是中度的红葡萄酒基本上能够与大多数菜肴相匹配，如牛排、火腿、其他肉类或腌肉类食物。

2.红葡萄酒与奶酪搭配

西餐中，顾客经常点选各类奶酪来搭配葡萄酒一起食用。服务人员首先要注意奶酪的硬度，判断是硬奶酪还是软奶酪。如果是硬奶酪，可以推荐红葡萄酒，来搭配顾客餐桌上的肉类菜品。通常硬奶酪不仅与红葡萄酒相得益彰，搭配肉类也是很好的选择。

（二）白葡萄酒与菜品或奶酪的搭配

1.白葡萄酒与菜品搭配

"白酒配白肉"是西餐服务人员必须掌握的另一个基本的餐酒搭配规则。白葡萄酒搭配清淡的肉类，如鱼和鸡肉，也是完美的搭配组合，会使顾客得到最佳的用餐体验。之所以白葡萄酒与海鲜肉类搭配得很好，是因为酒中的酸刚好增强了海鲜的味道，充分激发海鲜的口感，使其尝起来更鲜美可口。这就类似于西餐厨师经常将柠檬汁挤在鱼类菜品上，以增强鲜味一样，白葡萄酒因其酸度起到了相同的作用。

2.白葡萄酒与奶酪搭配

西餐中，奶酪越白越新鲜，搭配的葡萄酒其水果味也越浓；对于味道重的、熟的软奶酪，可以搭配味道重的白葡萄酒。

（三）甜酒与食物的搭配

"甜酒配甜点"也是西餐服务人员应掌握的餐酒搭配基本规则之一。"甜酒"是起泡酒或含糖起泡酒的一种通俗叫法。一般来说，甜酒能够与大多数菜肴相匹配，它可以完美搭配三文鱼、蔬菜、披萨饼。再比如，甜点匹配甜波特酒、水果甜点或馅饼匹配甜葡萄酒等也是不错的搭配。甜葡萄酒与甜点的组合相得益彰。

三、与顾客建立良好沟通

服务人员的一切服务活动都是顾客用餐体验中的一部分。服务人员应该专注于顾客的需求，并且能够快速准确地了解顾客的个性和情绪。根据顾客需要调整服务风格，积极为顾客提供科学、合理、适宜的建议——尤其是关于食物和酒水搭配方面的建议。

1.倾听顾客的声音

当顾客提出某些要求时，服务人员一定要认真倾听。除了关于食物或酒水的要求外，顾客可能还会试图传达有关食物过敏或医疗问题等信息。一定确保让你服务的顾客知道你听到了他们的声音。例如，你回复说"可以""是的，女士"或"是的，先生"。建议服务人员随身携带一个小笔记本，随时记录在宴会过程中获知的任何有关食物过敏或其他需要特殊关注的事项。

2.具备良好的职业素养

一名优秀的西餐服务人员，除了热爱本职工作、具有娴熟的服务技能及业务知识外，还应具备良好的职业素养，包括主动、热情、耐心、周到和专注的服务态度，大方得体的举止，必要的观察能力和沟通能力。

3. 与同伴做好配合

在服务过程中应该时刻关注其他同事正在进行的服务工作。这一点很重要，因为每个服务人员都是大型工作团队的一部分，应尽量与同事做好协作，尽可能无缝地参与到团队工作中。定时查看你的同事都在做什么服务，认真倾听其他服务人员交办的事项和叮嘱。对于他们给出的提示或建议，应尽可能接受。此外，如果其他服务人员向你寻求帮助，也应该尽力提供帮助。

4. 掌握与顾客相处的分寸

在进行西餐服务时，服务人员应该对顾客保持礼貌和耐心。如果过多地与顾客打交道，将无法履行作为服务人员的职责。避免打扰顾客，尽量不要闲聊。不要询问顾客与就餐服务工作无关的问题，更不能问顾客私人问题。

任务 3　西餐餐中服务

🐦 | 任务要求

西餐的餐中服务是西餐服务中一个非常重要的部分，西餐服务人员应掌握西餐服务流程，具备葡萄酒的鉴别知识，能为顾客提供准确的意见建议和周到的服务。通过完成本任务，使学生牢记西餐服务的工作职责，学会根据不同顾客的实际需求，来鉴定和选取对应的西餐酒水，并掌握侍酒服务的流程和要求，为更好地为顾客提供规范的西餐服务奠定基础。

📖 | 知识链接

一、西餐餐中服务的主要工作职责

1. 充分了解菜单

服务人员应该充分了解菜单，以帮助用餐者做出合适的膳食选择，并在可能的情况下追加销售。

2. 全程关注顾客用餐情况

服务人员要全程关注顾客用餐情况，时刻注意餐台状况和顾客的临时需求，迎接顾客并建立积极的顾客体验，做好从顾客进店到支付账单离店的全过程服务。

3. 做好顾客和厨房之间的信息沟通

将顾客的选择以及特殊的饮食需求及时告知厨房和酒吧。服务人员要充分发挥沟通桥梁作用，这是保持餐厅高效运营的关键之一。

4. 及时做好餐中的清洁整理工作

在服务过程中，服务人员还要负责顾客用餐区域的清洁整理工作，例如摆桌子、移走餐具、补充餐具和酒水等。餐厅服务人员还要负责清理餐桌和用餐区，以及及时清理餐中所造成的任何泼洒物。

5. 协助顾客付款结账

在用餐结束后，服务人员要协助顾客做好付款结账工作，为顾客提供账单，并说明付款方式，与收银员或经理核实确认后，要及时退还顾客的信用卡、签名单或零钱等。服务人员在工作中必须保持诚实守信，准确处理消费、结账事务，并及时返还顾客发票等票据。

二、西餐侍酒服务

侍酒就是指运用专业酒水知识和技能，为顾客提供酒类服务和咨询，进行菜单的设计、酒的鉴别与品评以及酒窖管理等工作。提供侍酒服务的人被称为侍酒师。

（一）侍酒的基本原则

1. 按顺序上酒

西餐中，一般的上酒顺序是：先白后红、先淡后浓、先干后甜、先酒龄短后酒龄长。若酒款等级差别过大，可考虑先上普通的酒款而后再上级别较高的酒款。总之，要避免排在后面的酒被前一瓶酒的味道所干扰。

不同种类的酒可以按照香槟、白葡萄酒、红葡萄酒、甜或半甜葡萄酒（常搭配大分量的甜品）、烈性葡萄酒（如雪莉酒、波特酒或干邑）的次序上酒。

同种类葡萄酒，一般按照从清淡到浓郁、从轻酒体到重酒体、从简单到复杂、从干型到甜型、从酒龄短到酒龄长的顺序上酒。例如，餐中经常有顾客不想更换葡萄酒的品种，那么侍酒师通常以变化葡萄酒的年份，按不同的年份划分先后敬酒的次序，提供侍酒服务。

2. 酒品澄清

西餐侍酒服务中，应尽量保持瓶装葡萄酒的澄清度，酒店用酒必须澄清透明、没有浑浊和沉淀。如有沉淀，必须先除去沉淀物，然后再按以上所述顺序送上餐桌。

3. 持瓶稳、无滴酒

侍酒师从酒窖中取出酒瓶，进入餐厅以及打开瓶塞的一系列过程中，应该尽量保持瓶身处于平稳的状态，避免使酒瓶发生剧烈震荡。同时，在倒出酒时，应避免酒液滴酒。

（二）葡萄酒的鉴别

根据葡萄酒中糖分含量的多少，葡萄酒可以分为干型、半干型、半甜型和甜型四种，其中甜型葡萄酒糖分含量最高（见图4-10）。

干型葡萄酒的发酵一般比较彻底，剩余糖分极少，干型葡萄酒中的"干"指的是不甜的意思。干型葡萄酒并不是没有任何糖分的葡萄酒，只是含糖量一般少于4g/L，且少量的糖分可以使葡萄酒尝起来更加柔顺。可以说，这是最常见的一类葡萄酒，大多数红葡萄酒都属于这一类，白葡萄酒也有不少为干型。

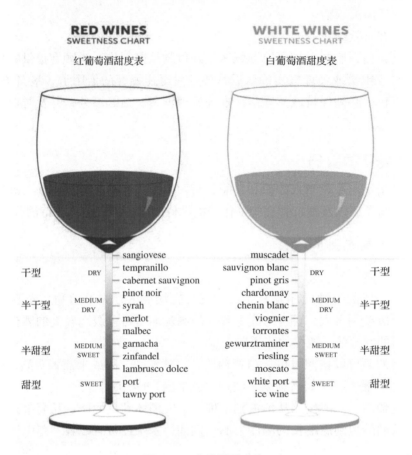

图 4-10 葡萄酒甜度表

而甜型葡萄酒是含糖量最高的一类葡萄酒，含糖量一般大于 45g/L。这类葡萄酒普遍为白葡萄酒，甜型红葡萄酒相对较少，相对常见的如波特（Port）。整体而言，甜型葡萄酒的甜腻感更强，不过甜度高的葡萄酒往往酸度也不低，因此如果酸甜平衡的话，这类葡萄酒品尝起来也不会让人感觉到腻人的甜味。

（三）各类葡萄酒的最佳侍酒温度

红葡萄酒最佳的侍酒温度介于 15.5 ～ 18℃之间，年份较短的红葡萄酒可以在更低一点的温度下饮用。白葡萄酒最佳的侍酒温度介于 10 ～ 12.5℃之间。甜酒和起泡酒最佳的侍酒温度介于 4.5 ～ 10℃之间。

（四）葡萄酒杯的种类

1. 红葡萄酒杯
红葡萄酒杯底部有握柄，上身较白葡萄酒杯更深，且更为圆胖宽大，如图 4-11 所示，主要用于盛载红葡萄酒和用其制作的鸡尾酒。赤霞珠红葡萄酒多会选用波尔多杯，黑比诺常选用勃艮地杯。

图 4-11　红葡萄酒杯

2. 白葡萄酒杯

白葡萄酒杯底部有握柄，上身较鸡尾酒杯略深，且呈弧形，主要用于盛载白葡萄酒，如图 4-12 所示。一般情况下，相较于红葡萄酒杯，白葡萄酒杯开口更小，杯身也会略小一些。

图 4-12　白葡萄酒杯

3. 香槟酒杯

香槟酒杯指专门在饮用香槟酒或气泡酒时使用的玻璃酒杯，是一种高脚杯。香槟酒杯分为碟型香槟杯、笛型香槟杯以及郁金香型香槟杯。

（1）碟型香槟杯　碟型香槟杯，如图 4-13 所示，常用于婚礼场合，所以又称婚礼香槟杯。碟型香槟杯盛酒的部位较宽、较矮，柄部比较短。20 世纪 30 年代，碟型香槟杯逐渐流行；到 20 世纪 60 年代的时候，碟型香槟杯还是最主流的香槟酒杯。不过碟型香槟杯的杯口过于宽阔，使得气泡会迅速消失，所以不太适合当下流行的干型香槟，而以前的年代流行的是甜型香槟。所以碟型香槟杯除了婚礼场合使用之外，现在已经很少再使用了，不过某些鸡尾酒会使用这种酒杯。

图 4-13　碟型香槟杯

（2）笛型香槟杯　笛型香槟杯的下部是细长的柄，上部盛酒的部分也是窄长形状的，如图 4-14 所示。笛型香槟杯长长的柄使得手温不会影响到酒的温度，而狭窄的杯口可以更好地展现香槟酒的起泡特性。笛型香槟杯已经取代碟型香槟杯，是当前的主流。同时，笛型香槟杯占地很小，在一个托盘上也可以放置更多的酒杯。

图 4-14　笛型香槟杯

（3）郁金香型香槟杯　郁金香型香槟杯是一种形似郁金香花的酒杯，多用于盛放白葡萄酒或起泡酒，如图 4-15 所示。该种酒杯杯身细长，状似郁金香花，杯口收口小而杯肚大。它能拢住酒的香气，适合细饮慢啜，能充分欣赏酒在杯中起泡的过程。

图 4-15　郁金香型香槟杯

📝 | 任务实施

一、西餐餐中服务程序

西餐的餐中服务程序包括上面包和黄油、上开胃菜、上汤、上主菜、上甜品、上水果和上咖啡，如图 4-16 所示。西餐餐中服务中，服务人员应该依据正确的服务程序为顾客上菜。

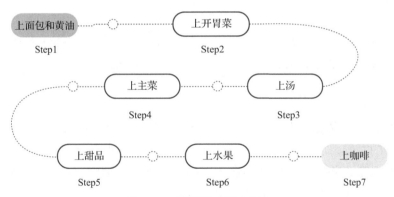

图 4-16　西餐餐中服务程序

二、西餐餐中服务规范

1. 面包和黄油服务

开餐前 5 分钟，服务人员应左手提着面包篮，从顾客的左边，按"女士优先"的原则，把面包篮送到顾客面前，让顾客自取，或者将面包篮放在餐桌上。将黄油放入托盘内送到顾客桌前，用服务叉勺将黄油叉起放入黄油碟中，每个碟中盛放两个黄油球。

2. 开胃菜服务

西餐中的开胃菜服务也叫"头菜服务"。服务人员将开胃菜放入托盘，其中冷菜使用冷盘盛放，热菜使用热盘盛放。准备好调味品、调味汁等。根据点菜单，检查顾客的开胃菜是否准备齐全。将开胃菜送到顾客桌前，从顾客右侧上菜，并按照女士、宾客、主人的顺序进行。上菜时用右手从顾客右边端上，直接放入装饰盘内。当顾客用完开胃菜（头菜）后，用右手从顾客右边撤下头盘，要徒手撤盘。

3. 汤品服务

西餐中的汤分浓汤和清汤，清汤中又分冷清汤和浓清汤。浓汤用汤盆盛放，清汤用清汤杯盛放。进行西餐的上汤服务时，首先应将汤盛于汤斗内，送到落台或餐边柜上，再进行分派。上汤时，需要垫着底盘，手握着底盘的盘边，同时手指切不可触及汤汁。汤盘直接放入装饰盘。待顾客用完后，把汤盘连同装饰盘一起撤下。

4. 主菜服务

西餐中上主菜时，服务人员将盛放在大菜盘的主菜送到顾客桌前，并按照"先宾后主""女士优先"的原则，从顾客的右侧送上主菜，并报菜名，牛排、羊排要告知几成熟。按照同样的原则，依次送上蔬菜和卤汁，卤汁一般盛放在半月形的专用盘内，紧靠主菜盘的位置，摆放于餐桌上。主菜撤盘时要徒手撤走主菜盘及刀叉，并将桌上食物残渣清理干净，而后征求顾客对主菜的意见。

5. 甜品服务

西餐中的甜品主要包括冰淇淋、烩水果、点心和各类奶酪等。服务人员首先向顾客展示甜点及各种奶酪，并进行简要介绍。为顾客送冰淇淋时，要将甜点勺放置于甜点底盘内，与冰淇淋一道端上；送烩水果时，则应为顾客摆上餐勺；送热点心时，应为顾客摆上甜品叉与甜品勺。

6. 水果服务

西餐中上水果时，若餐桌上已事先摆好水果盘，服务人员要为顾客送上水果刀叉、洗手盅等；若餐桌上没有事先摆好水果盘，要先为顾客送上水果刀叉、洗手盅后，再为其送上准备好的水果盘。

7. 咖啡（或茶）服务

西餐中的咖啡（或茶）服务，服务人员首先应询问顾客是需要咖啡还是茶。一般在顾客食用水果的时候，服务人员就会将一套咖啡杯放到顾客的水杯后面。承托咖啡的托盘上应当垫上口布，并依次摆放咖啡壶、牛奶盅、糖盅、糖钳、柠檬片、咖啡具或茶具等。斟咖啡前，应先征求顾客的意见，如是否放糖、放多少糖。斟好咖啡后，服务人员应拿走水果盘和洗手盅，将咖啡杯移到顾客面前。

三、西餐侍酒服务内容

西餐侍酒服务不仅要求侍酒师具备广泛的葡萄酒知识，还要求侍酒师能够进行验酒、冰酒、开酒和斟酒等一系列侍酒服务。准确选择与菜单上菜肴完美搭配的葡萄酒，为顾客介绍和推荐葡萄酒，确保为顾客选择到最合适的酒。

1. 酒单呈递

葡萄酒酒单会详细列出葡萄酒的产地、酒庄、等级、年份及价格等，甚至会将葡萄酒的特色、食物搭配的建议等列在酒单上。目前大多数餐厅都以提供葡萄酒酒单的方式让顾客作选择，酒单通常只呈送给主人或主人指定的某位宾客。

2. 示酒服务

示酒服务中，侍酒师会先向顾客展示酒瓶正面的酒标，如图4-17所示。将葡萄酒瓶放置在口布上，侍酒师左手握住瓶身下方，右手握住瓶颈，将酒标朝向前方，保证顾客能清楚地看到酒标。向顾客展示酒标的目的是让其确认酒的品牌、产地、年份等相关信息，同时侍酒师应该如实地介绍葡萄酒的细节及其特征。

图 4-17　西餐示酒服务

3. 顾客验酒

一般情况下，侍酒师只有等顾客确认酒的相关信息后，才可以准备开瓶。

4. 冰酒服务

侍酒师准备冰桶和冰，要依据不同种类葡萄酒的适饮温度，预留冰酒的时间。冰酒的过程中，尽量使葡萄酒逐渐达到最佳饮用温度，避免快速冷却或加热葡萄酒，以防损害葡萄酒的风味。要确保葡萄酒以最佳的饮用温度提供给顾客。

5. 开瓶服务

西餐的开瓶服务中（见图 4-18），侍酒师需要严格遵循葡萄酒开瓶的技术要领来开启葡萄酒。一般情况下，白葡萄酒要在冰桶内进行开酒，红葡萄酒可在顾客的餐桌上或餐厅推车上进行。侍酒师首先使用割纸器来割开红酒瓶口的锡帽。将割纸器卡住瓶口圆环凸起的上侧，旋扭割纸器一周，把锡帽划开，然后将锡帽放入自己的衣服口袋中，保持台面整洁。之后确定软木塞的中心点位置，将开瓶器从中心点插入，并以拇指导引方向，徐徐地旋转，尽可能地使开瓶器深入软木塞中，但是要避免穿透。最后，拔出软木塞，注意要始终保持朝正上方的方向拔出，切勿以倾斜角度拔出，以避免木塞断裂在瓶口内。瓶塞拔出后，使用清洁的口布小心地擦拭瓶口，尽量避免木屑掉入瓶内。

6. 醒酒服务

开瓶后非常重要的一点就是醒酒，即将瓶中的葡萄酒倒入醒酒器中。醒酒的目的是在开瓶后，让酒液有时间和空气充分接触，吸收氧气并充分氧化，从而释放香气、降低涩味，使酒的口感更加柔和、醇厚。醒酒时间的长短主要取决于酒的年龄、品种和特性等。一般年轻的新酒基本上提前半个小时左右就可以了。浓郁型的红葡萄酒比较复杂，如果储存年限太短，单宁味会特别强烈，这种酒要至少提前两个小时开启，使酒液充分接触空气以增加香味、加速成熟。成熟期的红葡萄酒一般提前半个小时至一个小时开启即可，这时酒体丰满、酒香醇厚，是最佳的品尝时间。醒酒前，需小心拿起酒瓶，切勿摇晃，以免瓶底的沉淀物扬起。

图 4-18　西餐开瓶服务

7. 斟酒服务

西餐斟酒服务中（见图 4-19），侍酒师斟倒酒水时，瓶颈不应接触酒杯边缘，应该将酒瓶稳稳地举过酒杯边缘。斟倒酒水后，将酒瓶迅速抬离酒杯，并轻轻转动酒瓶，以免瓶口残留的酒水滴落，并使用酒布擦去瓶口上残留酒滴。通常情况下，斟酒只要倒至酒杯的 1/4 至 1/3 即可，以免摇杯时酒水溢出。气泡酒因为酒香随气泡散发，一般不需要摇杯，可以直接倒至七八分满，以方便观察气泡。

图 4-19　西餐斟酒服务

四、西餐名菜介绍

西餐厅提供的菜品是决定餐厅经营成功与否的关键因素之一。因此，服务人员应该熟知西餐各类菜品的产地、特点和加工方式等，在餐中服务时，可以应顾客的需求随时推荐和介绍菜品。

1. 烤鸡胸肉

烤鸡胸肉是用优质鸡胸肉制成的，通常会使用土豆作为馅料，也可以使用其他蔬菜。然后进行烘烤，直至鸡肉变得柔软多汁。这道菜广受喜爱，因为吃起来较为清淡，有助于刺激食欲。

2. 烤猪肉

烤猪肉非常适合喜欢较重口味菜肴的顾客。这道菜选用猪排或其他精选猪肉切块，用酱汁调味，并在火上烤制。有时会在菜肴中加入一些蔬菜，如胡萝卜和玉米。这道菜适合搭配米饭料理或蔬菜沙拉一起食用。

3. 烤牛肉

牛肉在西餐中有很重要的地位，不同部位上的牛肉其叫法不同，烹饪方法也不同，适合食用的熟度也不相同。烤牛肉是西餐中最常见的食物之一，一般作为西餐中的主菜。肉汁是这道菜的重要组成部分，因为它给牛肉带来了味道。这道菜最好与土豆泥或蔬菜一起食用。

4. 混合蔬菜

这道色彩缤纷的菜肴一般由蘑菇、玉米、豌豆、卷心菜、芦笋、西兰花和其他类型的蔬菜组成。为了增加风味，通常在混合蔬菜上加入浓郁的酱汁。

5. 意大利面

意大利面是西餐厅中最常见、也是必备的食物之一，既可以作为开胃菜，也可作为主菜，如肉酱意面、意式海鲜意面等。意大利面的形状和种类花样繁多，令人目不暇接。常见的意大利面主要可分为长直型意面、扁平型意面、通心型意面和造型意面。意大利面与不同的酱料可以搭配出不同的口味。

6. 熟鱼

熟鱼是西餐厅的另一道基本菜肴。鱼可以用各种酱汁和调味料调味。顾客喜欢鱼类菜肴，因为这类食物清淡，与其他餐点相得益彰。受欢迎的鱼类包括鲑鱼、金枪鱼和遮目鱼。

7. 海鲜菜肴

海鲜菜肴在西餐宴会上也很受欢迎，包括虾、蟹、鱿鱼、龙虾、蛤蜊和牡蛎等。大多数时候，海鲜菜肴可煮或烤，并配以蔬菜。

8. 汤

汤是西餐中的标准菜肴。午餐或晚餐开始时供应汤，可能会搭配小块面包，如蘑菇汤、蟹肉玉米汤。

9. 甜点

甜点在主菜后供应，一般为蛋糕、冰淇淋或各种水果。提拉米苏、黑森林蛋糕、白巧克力冰淇淋等是常见的甜点。

任务 4 西餐餐后服务

🐾｜任务要求

顾客用餐之后，西餐服务人员应依据餐后服务要求，做好结账、送宾、收台和准备等工作，同时清洁、保养与储存各类西餐餐具，顺利完成西餐餐后服务工作。

📖｜知识链接

西餐用餐完毕后，所有餐具都需要进行清洁和保养，这有助于保持金属制品的外观和质量。

1. 餐具清洁

在西餐餐具的清洁过程中，首先要选择温和的清洁剂，避免使用对人体有害的化学洗剂，如图 4-20 所示。一些餐厅会使用高温洗碗机清洗餐具，服务人员应使用带有餐勺、餐叉和餐刀等餐具隔间的塑料清洗篮辅助清洗，切勿将不同的餐具混合在同一隔间中，以防止划伤。同时，餐勺、餐叉和餐刀应该以柄为底保持直立并放于洗碗机的餐具隔间内，以便清洗和烘干。

图 4-20　餐具清洁剂

2. 餐具保养与储存

（1）清洁剂的选择　为避免被研磨性化合物（如粉状清洁剂）划伤，应使用温和的肥皂或清洁剂清洗西餐餐具，清洁剂的选择以氯含量低且不会褪色或与装饰品发生反应为标准。

（2）特殊污渍的处理　要去除特殊污渍，例如由咖啡或茶造成的污渍，或因接触生锈的机器零件或金属锅而产生的褐色斑点，应选择具有乳脂状稠度的非研磨性清洁剂，然后使用柔软的海绵进行涂抹。

（3）金属餐具的保养　贵金属之间可能会发生化学反应，从而在金属餐具上留下棕色痕迹。可使用橡胶垫来垫住餐具，不仅可以起到装饰作用，还可以保护金属餐具。

（4）餐具抛光　当餐具表面出现薄膜堆积时，可使用柔软的无绒布来擦亮或抛光。处理餐具上的划痕时，可以使用牙膏作为填充物，轻轻遮盖并擦拭痕迹即可。

📖 | 任务实施

一、清洁、保养与储存西餐餐具的流程

（一）清洁西餐餐具的流程

1.湿巾清洁

清洁西餐餐具和酒具过程中，服务人员应首先将餐具和酒具放在水槽或塑料盆的热水里浸泡，使用温和的清洁剂和百洁布去除污点，冲洗掉餐具和酒具上多余的食物残渣（见图4-21）。玻璃或瓷质的餐具和酒具，在清洁过程中很容易碎裂，从而造成划伤，因此一定要轻拿轻放，避免用力过度。

图4-21　湿巾清洁

2.干巾擦拭和抛光

使用湿巾清洁完毕后，服务人员应使用洁净的干巾反复擦拭餐具和酒具上的水渍，并对照灯光查看，直至餐具和酒具透亮无水迹、无指纹，如图4-22所示。

图4-22　干巾擦拭和抛光

（二）保养西餐餐具流程

1. 餐具烘干

清洁完成后，应对餐具进行适当的烘干以避免水斑的产生，特别是刀刃部位。存放时，要确保餐具清洁、干燥，并存放在远离湿气和油脂的干燥区域。

2. 各类餐刀用具的保养

一般餐刀的刀柄和刀片是由不锈钢制成的，以保持刀刃的硬度。不锈钢虽然对大多数食品和化学品具有耐受性，但与其他材质相比，更容易出现斑点和点蚀，如长时间接触含氯化物的食物（如盐、沙拉酱等）。如果刀具浸泡在水中或清洗后没有立即进行彻底的烘干，也会出现斑点。使用不锈钢专用抛光剂进行清洁，可以迅速将餐具恢复到原来的光洁度。

（三）储存西餐餐具流程

1. 叠放餐具

由于一些餐具的底缘未上釉，为了保护堆叠存放的餐具不被划伤，需要使用纸巾、餐巾纸、织物或泡沫垫间隔覆盖住餐具底部。

若堆叠的重量过大会导致器皿破裂，为了均匀分布重量，应将大小和形状相同的餐具叠放在一起。同时，为了缓解压力，可将盘子和碗以四或六列的形式堆叠，或将盘子直立存放在盘子架中。

2. 悬挂杯具

杯缘是杯子最脆弱的部分，因此不能将杯子叠起来存放，而应将把手悬挂起来，最好使用塑料覆盖的挂钩或直接将杯子存放在装有泡沫分离器的保护套中。

3. 储存陶瓷餐具

陶瓷餐具对温度的变化很敏感。储存在加热通风口上方或附近或靠近阳光的地方会导致主体和釉料以不同的速度膨胀和收缩，并可能导致龟裂和裂缝。

二、西餐餐后服务流程

1. 结账服务

只有顾客要求结账时，服务人员才能去收银台通知收银员汇总账单。服务人员要仔细检查账单，核实无误后，将其放入收银盘或收款夹，递给顾客。顾客付款后，应站在顾客身边将收到的现金点清，而后道谢，随即将现金与账单一并送至收银台，找回的零钱和发票按呈递账单的方式交给顾客。

2. 送宾服务

顾客起身离座时，要帮助拉椅，并提醒顾客带上随身物品，礼貌向顾客告别。

3. 清洁服务

当顾客离开餐厅后，服务人员应立即收台并进行餐台的卫生清洁，恢复餐台的接客状态；检查是否有顾客遗留的物品，如有，应及时上交餐厅管理人员予以保管。当服务人员清理餐台时，还应检查餐桌摆放的物品是否齐全，如胡椒瓶、盐瓶等是否需要添加等。

4. 准备服务

在清洁工作结束后，服务人员通常应进行第二天餐厅接待就餐的准备工作，一般包括准备用餐区、检查库存用品、滚动银器、擦拭托盘、了解菜单等。

项目总结

西餐服务是餐饮服务的重要组成部分，也是餐饮服务中的实践技能环节。西餐服务对餐饮企业的经营起着重要的作用，服务质量的高低直接影响餐厅的声誉和盈利。通过知识链接环节，学生了解西餐的菜品和酒水知识，掌握西餐服务的工作内容、服务流程和西餐服务人员的工作职责。通过任务实施环节的训练，学生能够依据各项西餐服务的方法和规则，进行餐前、餐中和餐后服务，以及西餐接待服务、菜品服务和侍酒服务等，从而提升西餐服务的质量。

项目实训

实训一　西餐餐前准备

组织学生到当地高星级酒店，对西餐厅的餐前准备工作和服务流程进行调查及分析。在餐前备品的清点、清洁服务、西餐摆台服务、餐桌装饰等方面进行实操训练，由餐厅主管和教师检验审核，分析存在的问题，反复练习改进，直到所有技能环节操作准确规范。

实训二　西餐餐中服务

组织学生到当地星级酒店，观摩西餐厅员工的西餐服务，对西餐餐中服务的内容、工作流程进行调查及分析。进行西餐餐中服务的实际操作训练，由餐厅主管针对学生西餐服务中的迎宾服务、点单服务、餐台清洁服务、侍酒服务、菜品和酒水的推介服务等方面进行检验审核，分析存在的问题，反复练习改进，直到所有技能环节操作准确规范。

项目五 ▶ **餐饮原料管理和价格管理**

🔔 项目导入

　　作为见习经理，需要熟悉餐饮部每一个岗位的工作流程。新进见习经理刘洋准备进行不同工作岗位的轮岗。首先，在采购部需要学习针对不同的原料特点采取不同的采购方式，按照原料采购流程进行采购工作，并按标准验收流程进行验收工作。然后，在营销部学习餐饮定价特点和原则的相关理论知识，运用不同的定价方法和策略对产品进行定价。最后，在财务部学习如何根据不同的原料使用不同的核算方法进行成本核算。

🍵 学习目标

1. 能举例说明原料采购的目标和采购的主要方式。
2. 能陈述原料采购流程。
3. 能使用合适的验收方法进行验收工作，掌握验收流程。
4. 能熟记餐饮定价的特点和原则。
5. 能掌握各种定价方法及策略。
6. 能概述成本的构成和分类。
7. 能使用不同的核算方法进行成本核算。

项目实施

任务 ① 餐饮原料采购管理

任务要求

见习经理刘洋来到采购部进行轮岗实习，学习内容主要包括：针对不同的原料特点采取不同的采购方式，根据企业的实际情况确定采购数量，并按照原材料采购流程完成采购工作。

知识链接

一、餐饮原料采购的流程

所谓采购，就是指原料的选择与进货，是企业向供应商购买物资和服务的全过程，由采购部门具体执行完成采购活动。餐饮原料是餐饮生产和服务的重要物质基础，为了满足顾客需求，所有餐单上的菜品生产所需的原料都通过采购工作来完成。作为一名采购人员，应该树立正确的采购职业观，熟悉采购的特点和流程，将餐饮企业规模与市场实际情况相结合，做到廉洁采购、科学采购、创新采购。餐饮原料采购的流程如下：

1. 明确质量标准

采购人员应该熟悉各种餐饮原料的采购规格和标准，餐饮原料的采购规格和标准是根据餐饮的特殊需求，对所要采购的各种原料做出的详细、具体规定，如原料产地、等级、性能、规格、色泽、包装要求、冷冻状态等。尤其对肉类、禽类、水产类原料及某些重要的蔬菜、水果、乳品类原料都应制定相应的采购规格和标准。

2. 确定采购数量

餐饮原料的采购数量会直接影响餐厅的供应情况和成本费用的高低。由于所有餐饮原料都会变质，所以企业需要经常修改数量标准。总体原则是在满足需要的前提下，尽可能少的采购原料，以减少浪费以及不必要的资金积压。

3. 保证采购的价格、费用最优

采购人员应根据餐饮企业规模和业务要求，结合市场实际情况进行"货比三家"，认真地选出价格和服务最佳的供应商。为了用理想的价格获得满意的原料和服务就要保证采购的价格和费用为最优惠，使餐饮原料成本处于最理想状态。

4. 选择合适的供应商

选择合适的供应商是餐饮原料采购管理的关键，采购人员应公平、公正地考量每一个供应商。考量因素包括质量、成本、交付与服务，其中质量因素是最重要的。供应商应该有能力建立一套稳定有效的质量保证体系，并且具有生产所需要的产品设备和工艺能力。合作双方进行成本分析，通过双赢的价格谈判实现成本节约。在交付方面，要确定供应商有足够的生产能力，人力资源充足。

二、餐饮原料采购的主要方式

采购是餐饮经营的第一步，没有采购就没有食材，更不要说售出菜品了。采购工作是关系到餐饮成本控制的重要环节，要以经济、供给、质量等方面为前提，结合自身的产品特点、经营规模、业务类型、市场需求等多种因素来决定采购的方式。餐饮原料采购主要有七种方式，如图 5-1 所示。

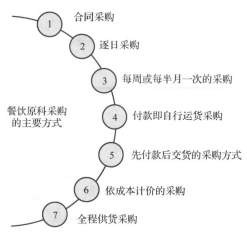

图 5-1　餐饮原料采购的主要方式

1. 合同采购

餐饮生产部门与供应厂商双方遵照签订的餐饮原料采购或供货合同条款进行购货或供货交易，这种合同通常分为两类。

（1）定期合同　虽然每次采购都是独立的，但餐饮企业可通过多次采购行为与供应商建立相对紧密的关系。为了节省时间、人力、物力，也为了控制成本预算，价格相对稳定的食品如干货食品、调味品、罐头食品等会采用定期合同的方式进行采购，在协议期内（一般 3～6 个月）由厂商以协定的价格进行供货。

（2）定量合同　定量采购是指当库存下降到预定的最低库存数量时，随时按规定数量进行补充的一种采购方式。水果和蔬菜的价格受天气影响容易产生波动，所以一般会采用定量合同的方式进行采购，在协议的期限内（一般 3 个月内）厂商以协定的价格供应一定数量的餐饮原料。

2. 逐日采购

容易腐败的餐饮应当有两至三家厂商随时供货以保证食材的新鲜。每天工作结束前，厨房部门派人清点存货，列出清单交给主厨，再由主厨以此清单列出一份第二天需要补充采购的餐饮原料请购单交给采购经理。这类餐饮原料采购通常是利用电话要求供货商供货，且一定是当天买、当天交货。

3. 每周或每半月一次的采购

购买杂货时大多一周或半月交货一次，与逐日采购的情形类似。

4. 付款即自行运货采购

当每次订货的数量不多、不足以要求批发商定期交货时，多采用付现款购货、自行运货的方式。

5. 先付款后交货的采购方式

为了省去餐厅储存货物的麻烦并确保冷冻的虾和牛排等某些特殊的食品在某一特定时期不会缺货，可以事先订购大量原料，且先支付货款，并和供应商约定其后几个月内每隔一段时间交货一次。

6. 依成本计价的采购

这种方法常用于公司机构的福利餐厅。订货将由供应商依照货品原产地的出厂价，经双方协定在实际成本上上浮几个百分点（10% ~ 15%），包括供应商的处理成本、交货费用等，作为其所得的基本利润。

7. 全程供货采购

少数大型供应商可以提供所有的餐饮原料，这样采购人员只需和一家供应商合作，可以节省时间，减少交货的次数。

三、餐饮原料采购的数量控制

（一）餐饮原料采购数量的影响因素

餐饮原料的采购数量是餐饮原料采购管理的重要环节。由于原料采购数量直接影响食品成本的构成和食品成本的数额，因此，餐厅和厨房的管理人员应当根据本店的经营策略，确定合理的采购数量。通常餐饮原料采购数量会受以下诸多因素的影响。

1. 餐饮产品销售数量

餐饮原料采购数量要随着菜品的销售量的增减而变化。当销售量增加时，采购量也会随着增加；同样，当销售量下降时，采购量也要随之减少。

2. 仓储设施

餐饮企业要根据仓储空间以及技术水平来确定采购量。例如，冷冻、冷藏空间过小，则不宜采购过多的易变质的鱼、肉、禽蛋类原料；除湿能力低或设备差，则不宜采购过多的干货。

3. 财务状况

餐饮企业的财务状况也决定着采购数量的多少。餐饮企业经营较好时，可适当增加采购量；资金短缺时，则应精打细算、减少采购量，以利于资金周转。

4. 原料的特点

每种原料都有自己的特点，储存期也不同。新鲜的水果和蔬菜、鸡蛋和奶制品的储存期相对比较短，应"勤进快销"；而各类粮食、香料等干货原料储存期比较长，则可适当增加采购数量。

5. 市场供求状况

对于供应受季节等因素影响的原料的采购，要灵活调整采购的方式及采购量。当市场上原料供应比较稳定时，采购的数量可按照自身的消耗速度和供货天数来计算；当原料的市场供应不稳定时（如忽多忽少或长期缺货），可以增加采购数量。

（二）餐饮原料采购数量的确定

对于易变质原料来说，为了保持原料的新鲜度、减少原料的损耗，新鲜的奶制品、蔬菜、水果及活的水产品等原料需要根据实际的使用量进行每日采购。对于不易变质原料来说，为了减少采购工作的成本，根据餐饮企业的经营和采购策略，干货原料（粮食、香料、调味品和罐头食品等）及冷冻储存的原料（肉类、水产等）采购量一般为数天或 $1 \sim 2$ 周的使用量。

餐饮原料采购数量的确定方法和步骤如下：

1. 确定最低贮存量

餐饮原料的最低贮存量指的是当某种原料经过使用后，它的数量降至需要进行采购的数量，而又能够维持到新原料的送达，这个数量就是最低贮存量。其计算公式如下：

$$最低贮存量 = 日需要量 \times 发货天数 + 保险贮存量$$

注意，餐饮原料的日需要量指餐饮企业每天消耗某种原料的数量；保险贮存量指餐饮企业为防止市场供货的不稳定性和采购运输的延时性而预留的原料数量。

2. 确定标准贮存量

餐饮原料的标准贮存量指的是原料的最高储备量，其计算公式如下：

$$标准贮存量 = 日需要量 \times 采购间隔天数 + 保险贮存量$$

3. 确定采购数量

餐饮原料采购数量的计算公式如下：

$$采购数量 = 标准贮存量 - 最低贮存量 + 日需要量 \times 发货天数$$

✍ | 任务实施

餐饮企业的原料采购流程一般包括获取需求信息、市场调研和实施采购三个步骤，如图 5-2 所示。

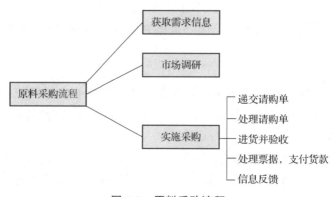

图 5-2　原料采购流程

一、获取需求信息

由厨师长根据每周拟定的菜单将所需要的餐饮原料（蔬菜、肉类、鱼类等）在前一天上报，每月底根据常用物资（茶叶、干料等）使用情况估算次月的用量进行上报，经过认真核实后填写主副食原料采购单。

二、市场调研

采购前要了解物资的规格、性能、品质和价格。市场调研是餐饮原料采购的出发点，是提高餐饮原料采购效果的一种管理方法，从点差分析中提出解决问题的办法，为餐饮企业制订产品计划、营销目标以及决定分销渠道、采购价格等提供依据，起到检验和矫正的作用。

三、实施采购

实施采购是采购工作的核心内容。实施采购前应首先应制订一个有效的工作程序，使从事采购的有关人员和管理人员都清楚应该怎样做、怎样沟通，以形成一个正常的工作流程，也利于管理者履行职能，进行采购控制和管理。

通常，采购程序要根据餐饮企业的规模、管理模式而定。采购程序的运行操作主要遵循以下几个步骤：

1. 递交请购单

餐厅需要购买材料时，必须填写原料请购单，如图 5-3 所示，然后将请购单送交采购部门。请购单要说明请购的品名、单位、数量、单价和金额等信息。

_____餐厅
原料请购单

日期：

部门	品名	单位	数量	单价	金额

总经理：　　　　财务经理：　　　　采购部经理：　　　　部门经理：

填写人：

图 5-3　原料请购单

2. 处理请购单

采购部门组织人员按采购食材的时间及种类将请购单整理分类，然后制订订购申请单，如图 5-4 所示，通知相应的供应商供货。

订购申请单

订购日期：
付款方式：
订购单位：
交货日期：

物品数量	物品名称	数量	单价	金额	备注
总计金额					

图 5-4　订购申请单

3. 进货并验收

选择合适的供货商进行进货，在进货过程中要做好验收工作。在验收工作中，要求验收人员根据验收程序和标准验收，同时做好验收记录，并要求供应商签字。

4. 处理票据，支付货款

验收完毕后，验收员开具验收单，如图 5-5 所示；同时，在供货发票上签字并将供货发票、订购申请单、验收单一起交采购部，然后转财务部审核后支付货款。

验收单

验收日期：

序号	产品名称	数量	单价	实际到货产品描述	验收情况	备注

验收人签字：

图 5-5　验收单

5. 信息反馈

将原料使用后的情况反馈给供货商，以改善其服务水平，保质保量供货。

任务 ② 餐饮原料验收管理

🖐 | 任务要求

见习经理刘洋继续在采购部实习，接下来他将学习如何进行库存的盘点工作，如何在采购原料后进行各种信息的填报如何根据原料验收流程完成原料的验收入库及发放工作。

📺 | 知识链接

一、验收员的管理

验收工作是一项非常重要的工作。餐饮企业在完成原料采购之后，必须及时、准确地进行验收入库，同时应立即核对原料规格是否符合采购的要求，并做完整记录。

1.验收员工作注意事项

（1）一岗一人　为了防止工作上的冲突而影响质量判断，确保质量管理工作有序进行，验收员和采购员不能为同一个人，必须分离。

（2）不定期查验　为了提高原料利用效率，上级管理人员应该不定期核对账目和盘点库存，以便及时发现或避免不确定因素。

（3）定期培训　为了提高验收人员的业务水平，餐饮企业应制订相应的培训计划，对验收人员进行培训，有条件的企业可定期进行岗位轮换。

2.采购员的必备素质

一位优秀的采购员可以为餐饮企业节约成本，所以合格的采购员需要具备以下素质：

（1）掌握必备知识　掌握餐饮原料的特点、储存和运输的要求等，了解餐饮原料供应市场和采购渠道；了解进价与销价的核算关系；熟悉财务制度，懂得有关票据账单的处理方法和程序。

（2）遵守职业道德　餐饮采购员应热爱本职工作，刻苦耐劳，认真钻研采购业务；诚实守信，言行一致，不弄虚作假，不欺上瞒下；遵纪守法，自觉避免各种欺诈、串通、隐瞒等不法行为的滋生，切实地保障餐饮企业的正当权益。

（3）具有敬业精神　积极努力做好本职工作，在采购活动中做到尽职尽责、诚实守信，有效履行岗位职责，不接受礼物和收取回扣。

二、验收场地和设备

1.验收场地

交货验收场地通常以合约指定地点为准，一般应具备足够的空地，以便于卸货；应尽量靠近原料仓库，并尽可能与厨房生产间同在一个区域，这样便于控制原料进出，同时可以减少搬运工作量，如图5-6所示。

2.验收设备与工具

为了验收工作更有效率的开展，需要使用适当的设备和工具。如磅秤，是验收工作中常用的测重工具，各种重量等级不同的磅秤应该定期核对以保持精确度。另外，还应有直尺、温度计、小起货钩、板箱切割工具、尖刀、公文柜、各类表格等设备与工具。

图 5-6　原料仓库物品摆放

三、原料验收方法

1. 一般验收

一般验收，又称为目视验收，指物品可以用一般的度量衡器具依照合同约定的数量予以称量或点数。

2. 技术验收

当物品不能通过普通目视进行鉴定时，必须由专门技术人员借助特备的仪器做技术上的鉴定。

3. 试验

试验，指特殊规格物品必须做技术上的试验或须由专家复验方能确定质量，质量合格才可进行验收。

4. 抽样检验

对于数量庞大的物品，无法逐一检查或者某些物品一经拆封使用即不能复原的，均需要采用这种方法进行检验和验收。

四、原料盘存管理

餐饮企业原料的流动性大，为了及时掌握原料库存变动的情况，避免物品短缺丢失或超储积压给企业带来损失，就必须对原料流动变化情况进行控制和盘点。通过库存盘点可以使管理人员掌握原料的使用情况，分析原料管理过程中各环节的现状。餐饮原料的盘存制度是指餐饮企业按照一定的时间周期，如一个月或半个月，通过对各种原料的清点、称重或其他计量方法以确定存货数量。

1. 盘点时间

1）财务核算周期末（每年、季、月末）。

2）新开店营业前。

3）关、停、并、转企业的清算时期。

4）仓库管理人员更换交接之际。

5）定期检查。

6）不定期检查。

2. 盘点内容

盘点工作主要由仓库管理人员和财务人员联合进行。通过实地清点库房内的物品，检查原料的实物数与账面结存数是否相符，不相符的找出原因；计算和核实每月末的库存额和餐饮成本消耗，为编制每月的资金平衡表和经营情况表提供依据。

3. 盘点程序

（1）制作盘点清单　按不同类别的仓库，依原料的编号顺序在盘点清单上填好货号、品名、单位、单价等基本数据。

（2）计算结存数量　在存货卡片的结算栏内，根据历次收货和发货数量，计算出应有结存数量和库存金额，如图 5-7 所示。

存货卡片
BIN CARD

部门　　　　　　品名　　　　　　规格
SECTION_____　　ARTICLES_____　　SIZE_____
货号　　　　　　最高存量　　　　　最低存量
STOCK NO_____　　MAX STOCK_____　　MINI STOCK_____

日期 DATE	收货数量（+） RECEIVED（+）	发货数量（-） ISSUDE（-）	结存数量 BALANCE	管理人签字 SIGNATURE

图 5-7　存货卡片

（3）盘点库存实物　实地点数，并将实物数量填入盘点清单。

（4）核对盘点结果　将库存实物盘点结果与存货卡片上的记录数进行对比，核对二者数量是否一致。

（5）盘点库存价值　计算盘点清单上的库存品价值，该价值为实际库存金额，它如与账面库存额有出入，要复查。实际库存金额在月末作为月末库存额记入成本账，并自然结转为下月的月初库存额。

✎ | 任务实施

一、验收流程

验收人员应有责任心，要坚定职业操守，客观、独立、不掺杂私利地做好每一个验收环节。而验收工作的流程也十分复杂，应围绕核对价格、盘点数量、检查质量三个环节进行，如图 5-8 所示。

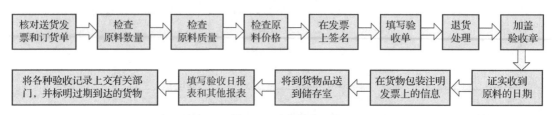

图 5-8　验收流程

（一）核对送货发票和订货单

1）凡是未办理订货手续的原料均不予受理，这样可避免错收货或使不需要的原材料进入仓库。

2）凡发票与实物名称、型号、规格、数量、质量不相符的不予验收。

3）发票上的数量与实物数量不符，但名称、型号、规格、质量相符的可按实际数量验收。

4）如果实物数量超过订货数量较多时，超额部分做退货处理。

（二）检查工作

1. 检查原料数量

检查实物与订货单和发货单上的数量是否一致。数量检查核对应注意下列事项：

1）有包装的要将包装拆掉，再称重以核实原料的净重。

2）带包装及商标的货物，在包装上已注明重量的要仔细点数，必要时抽样称重；对用箱包装的货物要开箱检查，核实箱子是否装满。

3）无包装的货物要视单位价格的高低，用不同精度的称重工具称量。

4）对单件货物（如西瓜）有重量、大小要求的，除称重外，还要检查单件货物是否符合验收标准。

2. 检查原料质量

在验收时，要考虑采购员、餐饮经理、厨师长的意见。如果对食品原料质量有怀疑，就应请有关人员帮助检验，以免发生差错。

3. 检查原料价格

检查发票上的价格与订货单上的价格是否一致。

（三）在发票上签名

验收员按照要求要在送货发票上签名。

（四）填写验收单

验收无误后在验收单上填妥有关项目。对无发票的货物，应填写无购货发票收货单。

（五）退货处理

对质量不符合规格要求或数量不符的原料，填写原料退货通知单，如图 5-9 所示。注明退货的原因并在单据上签字，并将不合格的原料随同相关凭证一同退回，不影响其他原料进货做账。

退货通知单

发票编号：　　　　　　　　　　　原发票日期：

使用部门：　　　　　　　　　　　供应商：

货品名称	数量	单价	竞价	退货原因
总计				

送货人员签字：　　　　　　　　负责人签字：

图 5-9　退货通知单

（六）加盖验收章

验收合格后，验收员要在账单上加盖验收章并签字，正本送财务部门，副本退回供应商处。

（七）证实收到原料的日期

验收员要在相关单据上签名，以明确责任；成本会计师核对发货票金额的正确性；由总经理与总经理指定的人员签名，同意付款。

（八）注明信息

验收无误后，在货物包装上注明发票上的信息：

1. 收货日期

在包装上标明收货日期，有助于判断存货流转方法是否有效。

2. 标明单价、重量

标明单价、重量等信息，以便存货计价时无须再查验收时的报表或发货票。

（九）将到货物品送到储存室

对于鲜活原料，会通知各厨房营业点直接领走，故把这类原料称为"直拨原料"，送到各类仓库的原料则称为"入库原料"。验收员应在发票上注明各种餐饮原料属于哪一类，以便填写验收日报表。

（十）填写验收日报表和其他报表

计算原料成本，为编制有关财务报表提供参考；计算采购总额，填写验收日报表和其他报表。

（十一）上交记录

将各种验收记录单上交给相关部门，并标明过期到达的货物。

二、原料发放管理

在原料的发放过程中，要认真、严格完成以下重点工作。

（一）按单发放，认真记录原料使用情况

为了确保厨房用料能够及时、充分供应以及有效控制厨房用料的数量，管理人员应该每天按领用单（见图 5-10）将原料发放给厨房。当需要大量领用时，应该在领用单上写清楚使用的日期，仓库、财务及领用部门需要各存一份领用单，以便准确计算每日的成本。发放原料必须遵循按领用单发放的原则，因为它是成本控制的重要手段。

领用单

单号：
日期：

序号	物料名称	物料价格	领用部门	数量		领用时间	备注
				领用数	实发数		

申请人：　　　　库管员：　　　　经理：

图 5-10　原料领用单

（二）发放时，遵循先进先出原则

原料入库时必须注明入库日期，按先进库、先发放的原则，以减少原料的存放时间，特别是可以确保原料在有效期内使用，避免造成不必要的浪费和损失。

（三）根据实际情况，采用合适方式进行原料发放

由于新鲜水果、蔬菜、海鲜等原料每天都要使用，所以采用直接发放的方式，也就是验收员完成验收后直接发放给厨房。干货和可冷冻储存的原料保存期较长，可在需要时再根据领用单的品种和数量发放。

任务 3 餐饮价格管理

任务要求

见习经理刘洋来到营销部实习，他将学习如何根据不同定价的特点和原则，从餐饮企业的实际情况出发，采用不同的策略对菜品进行合理的定价。

知识链接

一、餐饮产品定价特点

餐饮产品定价是销售和成本控制的一个重要环节，价格将会直接影响企业的经济效益，体现餐饮企业的产品定位。价格还是企业营销的重要手段，在餐饮企业营销组合的诸多因素中，价格是作用最直接、见效最快的一个。在扩大市场占有率和推广新产品时，价格也是一个常用的营销战略。因此，作为餐饮从业人员应该熟悉定价的特点及原则。餐饮产品定价具有以下特点：

1. 复杂性

由于影响餐饮定价的因素很多，例如市场需求、竞争环境、市场发展等都是经营者无法控制的因素，给餐饮定价带来了很多困难，使其变得极其复杂。

2. 季节性

受旅游市场的影响，餐饮市场也明显呈现出季节性的变化，餐饮企业经营的淡、旺季是比较突出的。因此，餐饮产品定价也应随着季节的不同而有所调整，这是餐饮产品定价的特点之一。

3. 时段性

时段性是指比季节性变化更为小的时间因素。人们到餐厅就餐主要是满足社交活动

的需要或是单纯为了享受美食佳肴，因而即使在同一季节内，甚至是同一月份、同一周内，餐饮的需求量也是不尽相同的。如餐饮的需求往往会随着各种节日的到来而会出现高峰期，周末往往也是餐饮需求的高峰，因此在节假日、周末，食品价格可以定的略高一些，或是适当增加服务费等无形产品的价格，以此来调整餐饮市场的供求关系。在一些大的城市一天中也会出现不同的价格。

4. 灵活性

餐饮产品既包括有形部分，又包括无形部分，所以它的定价较其他有形产品的定价要灵活得多，这对餐饮定价来说是一柄双刃剑。因为餐饮定价的空间相当宽广，如果运用得好，可以给企业创造很好的经济效益，这就要求经营者能及时地根据餐饮经营环境的变化而做出相应的调整或变更价格决策。而正是因为它的多变与灵活，使价格决策者在具体操作时不易准确把握，过高或过低的定价均不利于餐饮企业的可持续发展。

二、餐饮产品定价原则

价格是产品成本、费用、利润和税金的综合反映。餐饮产品价格的合理程度直接影响企业的销售收入、市场竞争力和经济效益。合理制定产品价格，保持价格和市场需求的最佳适应性，是餐饮管理的重要任务。

1. 反映产品的价值

产品的价格是价值的客观反映，是顾客判断其价值的主要依据。餐饮产品的价值一般包括食品原料的消耗、精工细作和热情周到服务所耗费的人工以及创造优雅舒适的用餐环境和设备设施的使用价值。要使产品的价格与产品的这些价值构成水准相称，让顾客感到物有所值。

2. 适应市场需求

价格的制定必须适应市场的需求，应考虑市场对价格的承受能力，要适应目标市场顾客的消费水平。价格定得过高，超过了消费者的承受能力必然会减少消费量。

3. 兼具稳定性和灵活性

一般而言，菜单价格应保持其稳定性，不可经常变化，否则很难取得顾客信任。不过，任何事情都是相对而言的，稳定也并不是一成不变的，其定价也应根据目标顾客的不同、竞争状况的差异以及市场供求关系的变化灵活运用浮动价、季节价及优惠价等。

4. 服从国家政策

餐饮产品价格还必须符合国家的价格政策，接受物价部门督导，在政策允许范围内确定产品的毛利率。

三、餐饮产品定价方法

(一) 成本导向定价法

成本导向定价法是指企业以餐饮产品单位成本为基本依据，再加上预期利润和税金来确定价格的一种定价方法。成本导向定价法简便易行，因而被广泛采用。这种以成本为中心的定价策略可以分为不同的定价方法。

1. 成本加成定价法

成本加成定价法是指按产品单位成本加上一定比例的利润而构成产品价格的方法。

$$餐饮产品的价格 = 成本 \times (1 + 加价率)$$

2. 成本系数定价法

成本系数定价法适用于餐饮企业的菜品定价，其步骤为：

1）计算产品成本；

2）估计产品成本加成百分比；

3）计算成本系数，用100%除以成本加百分比；

4）计算价格，用产品成本乘以成本系数。

上述步骤中的成本指菜肴的直接成本。

3. 分类加价法

为了考虑不同菜肴的市场欢迎程度，克服成本系数法的不足，分类加价法是一个更好的选择。但分类加价法比成本系数法要复杂一些。分类加价法的步骤如下：

1）确定菜肴的"加价率"；

2）计算菜肴食品成本率：

$$菜肴食品成本率 = 100\% - (营业费用率 + 该菜肴的加价率)$$

3）计算价格：

$$价格 = 食品成本 \div 菜肴食品成本率$$

分类加价法中的菜肴食品成本是菜肴的直接成本。该方法的计算步骤中，只有一个参数需要确定，即菜肴的加价率。使用的关键是餐饮定价人员对加价率的合理估计。加价率越高，价格就越高。

高成本的菜肴和销量大的菜肴应适当降低加价率；低成本和滞销的菜肴应适当提高加价率；开胃品和点心可以采用高价率。

（二）竞争导向定价法

竞争导向定价法是指企业对竞争对手的价格保持密切关注，以对手的价格作为自己产品定价的主要依据。以竞争为中心的定价方法不以成本为出发点，也不考虑消费者的意见，而以竞争对手的价格为基础，与竞争产品价格保持一定的比例。也就是说，竞争产品的价格不会随着餐饮产品成本或市场需求而变化。这种方法需要定价人员深入研究市场，充分分析竞争对手，以同行的价格来决定自己的价格，以得到合理的收益且避免风险。

（三）需求导向定价法

需求导向定价法又称顾客导向定价法，是指餐饮企业根据市场需求状况和餐饮消费者的不同反映，分别确定产品价格的一种定价方式。其目标是最大程度获取消费者理解和满足消费者的需求，其特点是平均成本相同的同一餐饮产品价格随需求变化而变化。

需求导向定价法一般是以该产品的历史价格为基础，根据市场需求变化情况，在一定的幅度内变动价格，以至同一餐饮商品可以按两种或两种以上价格销售。这个差价可以因顾客的购买能力、对餐饮产品的需求情况以及消费的时间、地点等因素而采用不同的形式。

需求导向定价法是根据消费者对商品价值的认识程度和需求程度来决定价格的一种策略，亦有两种不同的方法。

1. 理解价值定价法

餐饮企业按照消费者对产品及其价值的认识和理解程度来定价，它以消费者对某种产品价值的主观评判为定价标准。采用理解价值定价法定价，餐饮企业可以运用各种营销策略手段，以影响消费者对商品价值的认知，形成对企业有利的价值观念，再根据消费者心目中的价值来制定价格。

2. 区分需求定价法

餐厅在定价时，可以按照不同的顾客（目标市场），不同的时间、地点，不同的消费水平、消费方式区分定价。

以需求为中心的定价方法是根据市场需求来制定价格。如果说，以成本为中心的定价方法决定了餐厅产品的最低价格，则以需求为中心的定价方法决定了餐厅产品的最高价格。在实际经营中，根据市场情况，可采取以高质量、高价格取胜的高价策略；也可采取以薄利多销来扩大市场，以增加市场占有率为目标的低价策略；以及可灵活运用的优惠价格策略，即给顾客一定的优惠，来争取较高的销售额和宣传推销本餐厅产品的效果。如在餐饮旺季可以稍微提高产品售价，而在餐饮淡季可以稍微降低产品售价，以争取更多的顾客，提高餐饮产品的销售额，这种定价方式称为优惠价格策略。

以上的做法都是经过市场调查与研究，了解顾客的需求后决定的。

🖊️ | 任务实施

一、一般定价策略

1. 合理价位策略

所谓合理，是指顾客能负担得起的，并且在餐饮企业有盈利的状况下，以餐饮成本为基础，再加上适当的溢价后所形成的价格。

2. 高价策略

所谓高价位策略是指当餐饮企业开发新产品时，将价格定得较高，当别的餐饮企业也推出同样产品而顾客开始拒绝高价时再降价。这种策略适用于企业开发新产品需要的投资量大、产品独特性强、竞争者难以模仿、产品的目标顾客对价格敏感度弱的情况。

3. 低价策略

低价策略是"薄利多销"的定价策略，可以在新产品促销、存货变现、加速周转等情况下使用。

4. 目录价格策略

为了使企业营运正常，必须使用固定的菜单操作和管理。把目录价格印在菜单或贴在招牌价目表上，代表在一段时间之内，不会随意更改价格。

5.灵活价格策略

餐饮产品的价格具有季节性的特点，季节性的时令菜可不列入固定菜单中，由服务人员推销或设计成特殊的套餐，用促销及折扣来增加营业额。小规模经营的餐厅多用此方法。

二、折扣优惠策略

1.团体优惠策略

这是一种根据销售量制定价格的方法。销售的数量多则会降低单位产品成本，故有降低价格的空间。

2.淡时优惠策略

不同时段采用不同的价格。如下午两点至五点顾客较少用餐的时段，可适当降低价格，五点后再恢复原来定价，以增加翻台率。

3.常客优惠策略

餐饮企业应该把握住常客，可运用累积数量的方法吸引顾客再次光临。折扣的幅度可以视常客光顾的次数和消费的数额而定。

三、修正定价策略

1.声誉定价策略

声誉定价策略是一种有意识地给餐饮产品定较高价格以提高其地位的定价方法。"借声誉定高价，以高价扬声誉"是这种定价方法的基本要领，主要抓住了消费者价高质优的心理，他们往往以价格来判断产品的质量。这种定价策略既弥补了提供优质产品或人工等必要的耗费，也有利于满足不同层次的消费需求。

2.低价诱饵策略

有些餐饮企业为了吸引顾客光顾，通常将一些顾客熟悉并选用较多的菜品的价格定得较低，这些菜品做工简单且定价低于成本价格，其目的是为了把顾客吸引到餐厅来，而顾客来到餐厅后一定还会点其他菜品，这些菜品就起到诱饵作用。

3.需求导向策略

需求导向是一种以满足消费者需求为导向的营销观念，餐饮企业首先确定其目标顾客群，并按顾客的需求来确定菜单和价格，如私人定制菜单。

4.系列产品定价策略

针对一系列不同目标顾客设计可接受的菜单价位，也可针对一系列不同价位的菜价来设计菜式，而不是仅考虑单一菜品的成本。例如，很多餐厅将菜品分为大份、中份、小份，从而制定出不同的价格。

四、以竞争为中心的定价策略

1.随行就市定价策略

随行就市定价策略就是"随大流"的方法，以市场上同类产品的价格为定价的依据，跟随竞争者定价。这种定价策略比较简单，不需要较多的人力。

2. 差异化定价策略

差异化定价是一种针对不同市场需求、竞争状况、产品特性、渠道方式等差异的定价策略，通过对不同顾客群、不同产品、不同地区制定不同的价格，达到利润最大化、市场份额提升、满足消费者需求等目的。

3. 同质低价策略

同质低价策略是一种非常有效的定价策略，为了达到促销的目的，采用"薄利多销"的方式来赢得消费者的关注。但是一定要注意切勿陷入恶性的"价格战"之中。

五、心理定价策略

1. 尾数定价策略

尾数定价策略是指在确定产品价格时，利用消费者求价廉的心理，制定非整数价格，以零头数结尾，使顾客在心理上有一种便宜的感觉；或者是价格尾数取吉利数，从而激起消费者的购买欲望，促进销售。

2. 整数定价策略

整数定价策略是利用顾客"一分钱一分货"的心理，针对消费者求方便心理，将产品价格有意定为整数，给人一种方便、简洁的印象。这种策略方便计价和结算。

任务 4　餐饮成本管理

⚑ | 任务要求

见习经理刘洋来到财务部实习，他将学习以成本的构成和分类理论知识为基础，采用不同的方法完成对餐饮加工产品和产成品的成本核算工作。

⚑ | 知识链接

一、餐饮成本构成

广义的餐饮成本包括原料成本、工资费用、其他费用（包括水、电、煤气费，购买餐具、厨具费用，餐具破损费用，清洁、洗涤费用，办公费用，银行利息，财产租金，电话费、差旅费等），其计算公式如下：

$$餐饮成本 = 直接材料 + 直接人工 + 其他费用$$

通常，餐饮企业的成本核算仅指狭义的成本核算。狭义的成本仅指餐饮企业各营业部门为营业所需而购进的各种原料费用。原料成本是餐饮产品生产加工过程中合理耗用的原料价值的货币表现，由主料、配料、调料、酒水饮料等部分组成。

二、餐饮成本分类

成本分类是为做好成本核算和成本管理服务的。成本核算和成本管理的方法和目的不同，成本分类也不一样。餐饮产品的成本从不同角度可分成不同的种类，其基本分类方法主要有以下几种：

1. 按成本可控程度划分

成本按可控程度不同可分为可控成本和不可控成本。可控成本是指餐饮管理中，通过部门员工的主观努力可以减少的成本，如食品原料、水电燃料、餐茶用品等消耗是可以控制的。不可控成本是指不以部门员工的主观意志为转移而不会产生变化的成本，如还本付息分摊、折旧费用、劳动工资等。

2. 按成本性质划分

按成本性质划分可分为固定成本和变动成本。固定成本是指一定时期和一定经营条件下，不随餐饮产品生产的销量变化而变化的那部分成本。在餐饮成本构成中，广义成本中的劳动工资、折旧费用、还本付息费用、管理费用等在一定时期和一定经营条件下是相对稳定的，所以称为固定成本。变动成本则是指在一定时期和一定经营条件下，随产品生产量的变化而变化的那部分成本。在餐饮成本构成中，食品原材料成本、水电费用、燃料消耗、洗涤费用等总是随着产品的产销量而变化，所以称为变动成本。

3. 按成本与产品形成关系划分

按成本与产品形成关系划分可分为直接成本和间接成本两种。直接成本是指产品生产中直接耗用，不需分摊即可加入到产品成本中去的那部分成本，如直接材料、直接人工、直接耗费等。间接成本是指需要通过分摊才能加入产品成本中去的各种耗费，如销售费用、维修费用、管理费用等。

4. 按成本和决策关系划分

按成本和决策关系划分可分为边际成本和机会成本。边际成本是指增加一定产销量所追加的成本。在餐饮管理中，收入会随着餐饮产品的产销量的增加而增加，但同时，其成本也会相应增加。当固定成本得到全部补偿时，成本的增加又会相对减少，从而增加利润，但产销量的增加不是没有限制的，当超过一定限度时，市场供求关系变化，成本份额也会发生变化，从而使利润减少。从经营决策来看，当边际成本和边际收入相等时，利润最大，所以边际成本是确定餐饮产品产销量的重要决策依据。边际成本法适用于餐饮企业的自助餐、套餐、团体餐等以人均收费为价格表现形式的餐饮价格。机会成本是从多种方案中选择一个最佳方案时，所放弃的在其他用途中所能获得的最大利益。

📝│**任务实施**

根据企业的实际情况，采用恰当的方法核算原料成本。

一、原料加工成本核算

餐饮产品成本核算是从原料加工开始的。食品原料种类不同，加工方式和出料要求不同，其成本核算的具体方法也不一样。主要有四种情况。

1. 一料一档单位成本计算

一料一档指加工前是一种毛料，加工后只有一种净料或半成品，且下脚料已无法利用的情况。

$$净料单位成本 = （毛料价格 × 毛料重量）÷ 净料重量$$
$$出料率 = （净料重量 ÷ 毛料重量）× 100\%$$

例1：某厨房购进冬瓜 50kg，进货价款为 1.2 元/kg，去皮后得到净冬瓜 37.5kg，请核算净冬瓜的单位成本和出料率。

$$单位成本 = （1.2 × 50）÷ 37.5 = 1.6（元/kg）$$
$$出料率 = （37.5 ÷ 50）× 100\% = 75\%$$

2. 一料多档单位成本计算

一料多档指一种毛料加工后可以得到两种及以上的净料或半成品的情况。这时要分别核算不同档次的原料成本。

$$分档原料单位成本 = （毛料价格 × 毛料重量 × 各档原料价值比率）÷ 各档净料重量$$

例2：某厨房购进猪腿 15kg，单价为 15.54 元/kg，共计 233.1 元。经拆卸分档，得到精肉 8kg，肥膘 4kg，肉皮 1.5kg，筒骨 1.5kg。各档原料价值比率分别为 64%、19%、11%、6%。请核算精肉单位成本。

$$精肉单位成本 = （15 × 15.54 × 64\%）÷ 8 = 18.648（元/kg）$$

3. 多料一档成本核算

多料一档指多种原料经加工处理后，得到一种净料或半成品的情况，这种情况主要适用于批量生产的餐饮产品成本核算。厨房在生产过程中，某些批量生产的餐饮产品，尽管各种原料的加工方式不同，但加工后的原料最终混合成一种净料。这时只要将各种原料的实际成本汇总，即可核算出单位成本。

4. 多料多档成本核算

多料多档指多种原料经过加工处理后，得到两种及以上的净料或半成品的情况，这种情况主要适用于餐饮产品的再加工或分类使用。其成本核算方法是先分档核定原料成本，再确定原料或半成品价值比，最后核定分档原料或半成品成本。

$$分档原料或半成品成本 = \sum（分档原料价格 × 分档毛料重量）× 分档原料或半成品价值比 ÷ 分档原料或半成品重量$$

例3：中心厨房烹制一锅鸡汤作烹调汤使用，预计可分 28 份。用料为老母鸡 4.9kg，毛值 20 元/kg；另用配料一种 0.2kg，进价 68.5 元/kg；其他调料 3.85 元。烹制后鸡汤作烹调汤使用。鸡肉改作他用，重 3.5kg，其价值比率为 22.8%。请核定鸡汤的单位成本。

$$鸡肉单位成本 = （20 × 4.9 + 68.5 × 0.2 + 3.85）× 22.8\% ÷ 3.5 ≈ 7.53（元/kg）$$

二、产成品成本核算

产成品成本核算是在食品原料加工成本核算的基础上进行的。其成本核算方法分为三种情况。

1. 单件产品成本核算

在日常管理过程中，餐产品的原料组成具有较大的随机性。加上市场变化大，主配料的进货情况每天有所不同，菜点产品、花色品种千变万化，有时一天当中早、中、晚都不尽相同，这样就使得餐饮产品的核算比较烦琐复杂。单件产品的成本核算并不是每天对每件产品的成本消耗进行具体核算，而是采用抽样的方法核算其实际成本和标准成本的差额，纠正偏差，控制成本消耗。具体方法包括三个步骤：

1）随机选择产品抽样，测定单件产品实际成本消耗。

2）根据抽样测定结果，计算成本误差。

3）填写抽样成本核算报表，分析原因，提出改进措施。

2. 批量产品成本核算

批量生产时，调味品使用量一般较多，使用时尽可能过秤，力求调味品的投放量计算准确。其成本核算方法包括三个步骤：

1）根据实际生产耗用，核算本批产品各种原料成本和单位产品成本。

2）比较单位产品实际成本和标准成本，计算成本误差。

3）填写生产成本记录表。若成本误差较大，应分析原因，采取控制措施。

3. 分类产品成本核算

分类产品成本核算是在单件产品和批量产品成本核算的基础上进行的。厨房每天生产的餐饮产品花色品种很多，掌握各类产品每天的成本消耗，分类核算热菜、冷荤、面点等分类产品成本才能掌握实际成本消耗，加强成本控制。其方法如下：

1）根据生产记录和收银台数据，核算分类产品销售收入。

2）根据每日领料、厨房差额调整，核算分类产品当日成本消耗。其中，厨房差额调整包括两项内容：一是上期或前一天未用完的原料成本，二是本期或当日未用完的原料成本。前者为正数，后者为负数。

3）分类检查标准成本和实际成本消耗，核算成本误差和成本率误差。

4）填写分类产品成本记录表。

三、成本系数法成本核算

成本系数是某种原料经粗加工或切割、烹烧试验后所得净料或成品的单位成本与毛料进价单位成本之比。

$$成本系数 = 净料或成品单位成本 ÷ 毛料进价单位成本$$

成本系数主要用来解决某些主料、配料由于市场价格上涨或下降时而需重新计算净料单价及其成本的问题，以便准确、迅速地调整菜点定价。

🍗 项目总结

餐饮原料采购管理是餐饮经营实践的第一步，也是餐饮成本控制的重要一环。餐饮成本控制对餐饮企业的经营起着至关重要的作用，成本的高低直接影响企业的盈利情况。通过实践环节的训练，学生可以更好地了解餐饮企业采购工作的内容和流程、制定价格和成本核算的方法，了解一定的财务知识，从而可以更好地控制企业成本。

项目实训

实训一　餐饮采购管理

假如你是采购经理，请制定一份食品原料采购清单，进行原材料的询价、比价，分析并确定原料的基本价格，并进行模拟采购。

实训二　原料验收管理

组织学生到当地星级酒店对餐饮原料验收及存放管理进行调研并分析。针对该餐饮企业的餐饮盘点入库、储存、出库发放等方面进行调查，并分析原料管理现状、存在的问题及改进方法。

实训三　原料成本核算

组织学生到当地星级酒店进行原料的成本核算，了解餐饮成本的结构特征，并核算当日该酒店的肉类原料成本。

项目六 ▶ 餐饮信息管理和系统应用

🔔 项目导入

作为餐厅主管的张名，2023 年 12 月初，就开始着手准备餐厅的年终销售总结。她首先收集整理了餐厅一年的销售数据，并选择合适的数据分析工具和方法，按照餐饮数据分析的流程，进行餐饮门店的销售分析，得出分析结论，形成分析报告，为餐厅的经营管理层调整 2024 年的经营和营销策略提供了重要的依据。

与此同时，张名继续监督餐厅员工正确使用 SIMPHONY POS System 餐饮管理系统，保证餐厅的日常运营工作，并指导个别员工解决用餐顾客的支付问题，完成顾客现金支付、信用卡支付和使用多张信用卡支付等工作，并令顾客满意而归。

🍵 学习目标

1. 能够概括餐饮信息的主要内容和类型。

2. 了解餐饮数据分析的内容、作用及常用的数据分析工具。

3. 掌握餐饮数据分析的流程，能够识别并区分各种数据分析方法，能够进行餐饮门店的销售数据分析。

4. 能够陈述 SIMPHONY POS System 餐饮管理系统的主要功能。

5. 能够描述并列出餐饮企业管理控制台（EMC）模块的主要内容。

6. 能够分类并识别餐饮管理分析报告模块中的报告类型和内容。

7. 能够应用 SIMPHONY POS System 餐饮管理系统，解决用餐顾客的不同支付需求，完成顾客现金支付、信用卡支付和使用多张信用卡支付等工作。

🥣 **项目实施**

任务 ① 餐饮信息管理与数据分析

🐔 | **任务要求**

　　餐厅主管张名指导新员工学习餐饮信息的主要内容和类型，了解餐饮数据的内容及常用的数据分析工具；让新员工能够依据餐饮数据分析的流程，选择数据分析方法和数据分析工具，分析餐饮门店的销售情况。

📖 | **知识链接**

一、信息与管理信息

（一）信息及其特征

1. 信息的概念

信息就是经过加工处理，具有一定含义，能够反映客观事物运动变化的，可以被人们所接收和理解的，对人类的行为决策有重要价值或者潜在价值的各种数据资料。

2. 信息的特征

信息具有事实性、时效性、可压缩性、等级性、传输性、共享性、不完全性和价值不定性的特征。

3. 信息的管理

信息的管理主要包括以下三个方面内容：

（1）信息收集　原始数据收集的是否及时、完整和真实，决定了信息的质量。

（2）信息加工　指按一定的模式或算法将数据进行逻辑的或算术的运算。

（3）信息的使用　信息的使用包括信息的存储、检索、传递以及信息的利用。

（二）管理信息及其形态

1. 管理信息的概念

管理信息就是经过加工的、反映管理活动的数据，是指与生产管理、技术管理、经济环境管理等过程直接或间接相关的各种信息。

2. 管理信息的形态

管理信息具有三种不同的形态，分别是数字形态、文字形态和图形形态。

二、餐饮信息

信息是信息管理活动的主体，也是从事信息管理活动的前提。要学习餐饮信息管理，首先要明确餐饮信息的内容与类型。

（一）餐饮信息的主要内容

在餐饮企业经营管理中，并非所有的数据和信息都可以是重要的信息资源，只有那些作用时效较长，有一定的历史积累、数量大，能辅助企业经营决策，可以被多部门共享使用，对经营具有显著价值的信息，才可以被认定是餐饮企业经营中的重要信息资源。按照上述原则，属于餐饮企业经营管理中所需的信息资源主要包括以下三类：

1. 内部结构信息

内部结构信息包括：餐饮的组织信息、产品信息、市场信息、财务信息、人力资源信息、资产结构信息、固定资产信息、相关设备信息、生产和服务流程信息、管理状态信息、产品销售分析信息、知识结构信息、演进与转型信息、运营过程与效益信息、副业经营信息等。

2. 顾客信息

顾客信息包括：社会需求信息、顾客群体信息、消费需求分析信息、顾客需求结构信息、顾客支付能力信息、顾客消费效益信息、顾客需求变化信息、客源目的地信息、顾客细分信息、顾客消费欲望和动因信息、潜在顾客信息等。

3. 环境信息

环境信息包括：与餐饮企业运营相关的政策信息、法规信息、国家宏观经济信息、国家金融政策信息、市场体系发展信息、国际贸易信息、竞争对手战略战术信息、竞争对手采取的行动信息、市场环境结构信息、产品更新换代的周期信息、上下游企业信息、行业内市场结构变化与发展信息等。

（二）餐饮信息的类型

餐饮信息按照其来源划分，可以分为餐饮内部信息和餐饮外部信息两大类。

1. 餐饮内部信息

餐饮的内部信息主要是产生于本企业内部的信息，包括顾客信息、销售信息、账务信息、采购信息、人力资源信息等。

2. 餐饮外部信息

餐饮外部信息主要包括行业政策信息、经济金融信息、竞争对手信息、战略伙伴信息、社会公众信息等。餐饮业是信息密集型的综合性行业，这些信息涉及吃、住、行、游、购、娱方方面面。只有掌握这些错综复杂的外部信息，才可能生存和发展。餐饮企业依靠基于网络的信息系统可以很好地获取和处理其外部信息。

三、餐饮数据分析

（一）餐饮数据的含义

数据是对事实、概念或指令的一种表达形式，可由人工或自动化装置进行处理。数据的形式可以是数字、文字、图形或声音等。数据经过解释并被赋予一定的意义之后，便成为信息。数据和信息既有联系，但又不完全相同。信息都是数据，但是反之则不然。数据是对客观存在的直接反映，数据可能是无价值的，但信息则是有价值的数据，而且往往是经过加工的数据。

餐饮数据是餐饮企业进行商务活动时产生的行为数据和商业数据。行为数据能够反映顾客行为，如顾客价值、顾客复购率等；商业数据能够反映餐饮企业运营状况，如餐饮产品交易量、餐饮企业的投资回报率等。

（二）餐饮数据的分类

餐饮数据按来源与性质不同，大致可以分为以下三类：

1. 市场数据

市场数据包括行业数据和竞争数据两部分。行业数据是企业所处行业发展的相关数据，包括行业总销售额、行业增长率等行业发展数据，需求量变化、品牌偏好等市场需求数据，地域分布、职业分布等目标顾客数据。竞争数据是能够揭示企业在行业中竞争力情况的数据，包括竞争对手的销售额、客单价等交易数据，营销活动形式、营销活动周期等营销活动数据，畅销商品、商品评价等商品运营数据。

2. 运营数据

运营数据是企业在运营过程中产生的顾客数据、推广数据、销售数据、供应链数据等。顾客数据是顾客在购物过程中的行为所产生的数据，如浏览量、收藏量等数据，性别、年龄等顾客画像。推广数据是企业在运营过程中的一系列推广行为所产生的数据，如各推广渠道的展现、点击、转化等数据。销售数据是企业在销售过程中产生的数据，如销售额、订单量等交易数据，响应时长、询单转化率等服务数据。供应链数据是产品在采购、物流、仓储过程中产生的数据，如采购数量、采购单价等采购数据，物流时效、物流异常量等物流数据，库存周转率、残次库存比等仓储数据。

3. 产品数据

产品数据是围绕企业产品产生的相关数据，包括行业产品数据和企业产品数据两部分。行业产品数据是产品在整个市场中的数据，如行业产品搜索指数、行业产品交易指数等。企业产品数据是产品在具体企业中的数据，如新客点击量、重复购买率等产品获客能力数据，客单件、毛利率等产品盈利能力数据。

（三）餐饮数据分析的作用

数据分析指通过建立分析模型，对数据进行核对、检查、复算、判断等操作，将数据的现实状态与理想状态进行比较，从而发现规律，得到分析结果的过程。餐饮数据分析指运用有效的方法和工具收集、处理数据并获取信息的过程。其目的是从杂乱无章的数据中提炼出有用数据，用于研究指标的内在规律和特点，指导餐饮企业运营和优化。

餐饮数据分析最主要的作用是辅助决策。在传统经营模式下，餐饮企业运营决策多依赖于以往的经验总结。随着信息化和电子商务时代的到来，餐饮企业在经营过程中积累了大量数据，对这些数据进行分析，能够更精准、科学地辅助企业发展。餐饮数据分析的作用有以下三点：

1. 辅助餐饮企业运营决策

通过将餐饮企业经营数据处理成便于观察、分析、推断的形式，帮助企业推导出有价值的信息，并作为运营决策的依据。

2. 降低餐饮企业运营成本

餐饮企业可以根据数据分析结果，优化业务流程，减少不必要的成本投入，优化餐饮企业资源配置。

3. 提升餐饮企业市场竞争力

进行餐饮数据分析能够帮助餐饮企业发现其在市场中所处的位置、发展趋势、竞争力情况等，让餐饮企业在比较短的时间内快速对业务、产品等做出调整，助力其市场竞争力的提升。

(四) 常用数据分析工具

要想驾驭数据、开展数据分析，就要熟练使用各种数据分析工具，从而进行专业的统计分析、数据建模等。常用的数据分析工具包括 Excel、Power BI、Tableau、FineBI 等，其中 Excel 涵盖了大部分数据分析功能，能够有效地对数据进行整理、加工、统计、分析及呈现。掌握 Excel 的基础分析功能，就能解决大多数的数据分析问题。

1. Excel

Excel 是 Microsoft Office 的组件之一，是由 Microsoft 为 Windows 和 Apple Macintosh 操作系统的计算机编写和运行的一款表格计算软件。Excel 是微软办公套装软件的一个重要组成部分，它可以进行各种数据的处理、统计分析、数据可视化显示及辅助决策操作，广泛地应用于管理、统计、财经、金融等众多领域。

2. Power BI

Power BI 是微软推出的一款数据分析 BI 软件，可帮助用户对数据进行可视化分析，在组织中共享见解或将见解嵌入应用或网站中。利用 Power BI 可以连接到数百个数据源，并可使用实时仪表板和报表功能让数据变得更加生动。简单地说，就是将各种数据通过 Power BI 整合，在经过清洗、转换、加载后建立关系从而展开各种分析，并按需求生成各种可视化图表。

作为一款类 Excel 的软件，Power BI 上手使用的难度较低，主要涵盖的模块包括 Power Query、Power Pivot、Power View。三个模块基本上囊括了数据分析的主要流程：Power Query 负责清洗、整理数据，Power Pivot 负责数据建模，Power View 进行结果可视化，建立仪表盘，展示数据分析的结果。

3. Tableau

Tableau 是目前国外比较流行的一款数据分析 BI 软件，允许从多个数据源访问数据，包括带分隔符的文本文件、Excel 文件、SQL 数据库、Oracle 数据库和多维数据库等。Tableau 提供了友好的可视化界面，使用者不需要具备计算机或统计学专业知识，只通过拖放和点击（点选）的方式就可以创建出交互式仪表盘。Tableau 还可以帮助用户迅速发现数据中的异常点，对异常点进行明细钻取，还可以实现异常点的深入分析，定位异常原因。

4. FineBI

FineBI 是一款国内的数据分析 BI 软件，FineBI 支持抽取模式和直连模式两种数据连接方式，可以自动建模，利用自助数据集的方式，让用户能够在人性化的操作界面进行数据处理和数据过滤、数据整合等。数据图表设置比较简单，用户只要进行数据字段的拖拽即可，同时还有一些数据的查询操作。另外，FineBI 对个人用户提供无限期的免费试用。

（五）数据分析流程

数据分析是基于商业分析目标，有目的地进行数据收集、整理、加工和分析，提炼有价值的信息的过程。数据分析的一般流程如图 6-1 所示。

图 6-1　数据分析的流程

1. 明确数据分析目标

数据分析要有目标性，漫无目的的分析很可能得到的是无用的分析结果。因此，在数据分析前，首先要明确数据分析的目标，然后根据数据分析的目标选择需要分析的数据，进而明确数据分析想要达到的效果。带着清晰的目标进行数据分析才不会偏离方向，才能为企业决策者提供有意义的指导意见。明确数据分析目标是确保数据分析过程有序进行的先决条件，也为后续的数据采集、处理、分析提供清晰的方向。在企业的日常工作中，数据分析目标主要包括以下几点：

（1）数据转换　将数据转换成便于观察、分析、传送或进一步处理的形式。

（2）提取数据为决策提供依据　从大量的原始数据中提取、推导出对企业运营有价值的信息，作为企业后续运营和决策的依据。

（3）保存管理数据　科学保存和管理已经处理过的数据，以便能够方便而充分地利用这些信息解决问题。

2. 数据采集

数据采集是建立在数据分析目标基础之上的，按照确定的数据分析框架收集相关数据的过程，为数据处理和分析提供素材和依据。例如，想要分析转化率和流量之间有没有相关性，那么就需要调取与访客数和转化率相关的数据。

数据采集渠道大体上可以分为两类：直接获取和间接获取。直接获取是通过统计调查、科学实验或直接调取企业内部的统计数据而获取的第一手数据。间接获取是通过查阅资料、数据统计工具等获取的数据。

在数据采集阶段，数据分析师需要更多地注意数据生产和采集过程中的异常情况，从而更好地追本溯源。同时，这在很大程度上也能避免因采集的数据无代表性而引起数据分析结果不可用的情况发生。

3. 数据处理

数据处理是指对采集到的数据进行加工整理，其基本目的是从大量的、散乱的、难以理解的数据中抽取出对解决问题有价值的部分，并根据数据分析目标加工整理，形成适合数据分析的样式，保证数据的一致性和有效性。数据处理是数据分析前必不可少的步骤。

数据处理不是一个简单的整理和罗列过程，它需要数据分析人员在选取的数据中利用数据处理方法，将各种原始数据加工得更直观。数据处理主要包括以下几种方法：

（1）数据清洗 数据清洗是对数据进行重新审查和校验的过程，其目的在于删除重复信息，纠正存在的错误，保证数据的一致性。

（2）数据转化 数据转化是将数据从一种表现形式转变为另一种表现形式的过程，即将原始数据转换成为适合数据分析的形式。

（3）数据提取 数据提取是从数据源中抽取数据的过程。

（4）数据计算 数据计算是对数据表中的数据有目的地进行加、减、乘、除等计算，以求最大化地开发数据价值，提取有用信息。

4. 数据分析

数据分析是利用适当的分析方法和工具，对处理过的数据进行分析，提取有价值的信息，形成有效结论的过程。通过对数据进行探索式分析，对整个数据集形成全面的认识，以便后续选择恰当的分析策略。首先，梳理分析思路并搭建分析的框架，把数据分析目标分解成若干个不同的分析要点，即如何具体开展数据分析；然后，针对每个分析要点，确定分析的方法和具体的分析指标，即需要从哪几个角度进行分析、采用哪些分析指标等；最后，提取有价值信息，形成分析结论。

5. 数据可视化

数据可视化也称为数据展现，即如何把数据观点展示出来的过程。数据展现除了遵循各企业已有的规范原则外，具体形式还要根据实际需求和场景而定。

一般情况下，数据是通过图表的方式来呈现的，因为图表能更加有效、直观地传递出分析师所要表达的观点。常用的数据图表包括饼图、柱形图、条形图、折线图、气泡图、散点图、雷达图等。还可对数据图表进行进一步加工整理，变成更加便于观察、使用的图形，如金字塔图、矩阵图、漏斗图等。图表制作一般可分为以下六个步骤：

1）确定图表的表达主题。

2）选择合适的图表类型。

3）选择数据制作图表。

4）完成图表的美化。

5）检查是否真实反映数据。

6）检查是否完整表达观点。

6. 撰写数据分析报告

数据分析报告是对整个数据分析过程的总结与呈现。通过数据分析报告，把数据分析的思路、过程、得出的结论及建议完整地呈现出来，供决策者参考。

一份合格的数据分析报告，首先需要结构清晰、主次分明，能使读者正确理解报告内容；其次需要图文并茂，让数据更加生动活泼，提高视觉冲击力，帮助读者更形象、直观地看清楚问题和结论，从而产生思考；最后还需要注重数据分析报告的科学性和严谨性，通过报告中对数据分析方法的描述、对数据结果处理与分析过程的展示，让读者从中感受到整个数据分析过程的科学性和严谨性。一般情况下，数据分析报告分为引入、正文、结论三部分。

（六）数据分析方法

数据分析有法可循，在分析数据时使用正确、适合的分析方法可以快速有效地分析数据，从数据中获取信息。常用的分析方法有对比法、拆分法、排序法、交叉法、降维法、增维法、指标法和图形法，根据业务场景选择一种或几种分析方法可以让数据分析更加高效。

1. 对比法

对比法是最基本的分析方法，也是最常用的分析方法。分析师在开展分析时首先使用对比法，可以快速发现问题。对比法分为横向对比和纵向对比两个方向。

（1）横向对比　横向对比是指跨维度的对比，比如在分析企业销售业绩的时候，将不同行业的企业销售业绩一起进行对比，这样可以知道某家企业在整个市场中的地位。如我国的 500 强企业排行榜单，就是将不同行业的企业产值进行横向对比。

（2）纵向对比　纵向对比是指在同一个维度上进行对比，比如基于行业维度，我国钢铁行业的企业排行榜单；比如基于时间维度，将今天的销售业绩和昨天、上个星期同一天进行对比等。

2. 拆分法

拆分法是最常用的分析方法之一，在许多领域广泛应用，杜邦分析法是拆分法的经典应用。拆分法是将某个问题拆解成若干个子问题，通过研究这些子问题去解决问题。比如在研究销售业绩下降问题时，可以将销售业绩问题拆分成转化率、客单价和访客数这三个子问题，通过分析这三个子问题去解决销售业绩下降问题。

3. 排序法

排序法是基于某一个度量值的大小，将观测值按递增或递减的顺序排列，每一次排列只能基于某一个度量值。排序法是从对比法中衍生出来的一种分析方法，百度搜索风云榜、淘宝排行榜等业内知名榜单就是重度采用排序法的产品，通过排序后的榜单，可以让用户快速获取目标信息。

4. 交叉法

交叉法是对比法和拆分法的结合，是将有一定关联的两个或两个以上的维度和度量值排列在统计表内进行对比分析，在小于等于三维的情况下可以灵活使用图表进行展示；当维度大于三维时选用统计表展示，此时也称之为多维分析法。比如在研究市场定价时，经常将产品特征和定价作为维度，将销售额作为度量值进行分析。

5. 降维法

降维法一般在数据集字段过多、分析干扰因素较多时使用。通过找到并分析核心指标可以提高分析精度，或者通过主成分分析、因子分析等统计学方法将高维转变成低维，再进行数据分析。比如在分析店铺数据时，一般会根据业务问题提取两到四个核心指标进行分析。

6. 增维法

增维法是在数据集的字段过少或信息量不足时，为了便于业务人员分析，通过计算衍生出更多、更加直观的指标的分析方法。比如在分析关键词时，将搜索人气除以商品数量得到一个新的指标，定义为关键词的竞争指数。

7. 指标法

指标法是数据分析的基本方法之一，通过汇总值、平均值、标准差等一系列的统计指标研究分析数据。指标法适合用于多维数据的分析。

8. 图形法

图形法也是数据分析的基本方法之一，通过柱形图、折线图、散点图等一系列的统计图形直观地研究分析数据。图形法适合用于低维数据的分析。

✍ | **任务实施**

应用数据分析工具和方法，分析餐饮门店销售情况

一、导入数据

使用 Excel 2019 导入各餐饮门店的销售数据，如图 6-2 所示。

序号	门店 ID	销售目标（万元）	销售额（万元）
1	1001	23 万元	29
2	1002	28	35
3	1003	32	27.6
4	1004	33	30
5	1005	28	45.8
6	1006	62	72

图 6-2　餐饮门店销售数据

二、数据处理

步骤 1：进行数据清洗，将销售目标所列的单元格格式由"文本"处理成"数值"。

步骤 2：使用删除功能，将门店 1001 的销售目标中的"万元"剔除。

三、数据可视化

步骤 1：制作销售额的环形图，如图 6-3 所示。

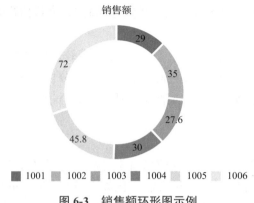

图 6-3　销售额环形图示例

步骤 2：制作销售目标和销售额的柱形图，如图 6-4 所示。

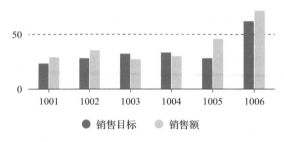

图 6-4　销售目标和销售额柱形图示例

四、得出分析结论

从数据图表中可以看出，两家餐饮门店 1003 和 1004 没有完成销售任务，1006 门店销售额最高。在下月的营销策划中，建议加强 1006 门店促销力度，安排新菜品进行推广，保持餐厅月度销售额，进而保证餐厅利润率；调低 1003 门店和 1004 门店的销售目标，针对周三、周四销售低迷期退出特价菜品，通过引流提升销售额。

任务 2　SIMPHONY POS System 餐饮管理系统应用

任务要求

餐厅主管张名向新员工演示 SIMPHONY POS System 餐饮管理系统和餐饮企业管理控制台（EMC）模块的主要内容和功能，让新员工通过 SIMPHONY POS System 餐饮管理系统，进行餐饮管理分析并完成收银工作。

🎁 | 知识链接

一、信息系统产生的背景

随着信息技术的发展，信息逐渐成为企业核心竞争力的重要组成部分。为了在竞争日益激烈的市场经济中求得生存、谋求更大的发展，除了拥有独特的、无法复制的资源优势，还得对资源加以合理利用，在此背景下信息系统（IS）应运而生。信息系统采用科学的、有效的手段，对信息加以分析，通过建立一套科学的处理规则，提高工作效率、降低运营成本、减少经营费用，最终达到提高经济效益和社会效益的目的。20世纪70年代出现了管理信息系统的概念，到1985年形成了管理信息系统（Management Information System，MIS）的完整概念，这是信息系统发展的高级阶段。MIS是由人和计算机等组成的能进行信息收集、传递、储存、加工、维护和使用的综合型系统。鉴于MIS的管理功能和系统效率，一出现就受到学术界和企业的重视，成为管理学科下的一个重要分支，与计算机、网络技术融为一体，成为知识经济发展的热点。

二、餐饮信息化管理

餐饮信息的处理主要围绕前台经营管理、后台管理和市场营销管理三个方面的内容进行。前台经营管理主要包括前厅接待管理、销售管理、餐饮管理、厨房管理以及娱乐管理等；后台管理主要包括财务管理、采购管理、工程设备管理、仓库管理以及人力资源管理等；市场营销管理主要包括公关、渠道、分销等的管理。分析这些管理活动的信息处理特点，对实施餐饮信息化管理有很大帮助。

1. 前台经营管理

前台经营管理是指直接与顾客接触的相关部门的服务管理，涉及餐厅的前厅部、销售部、餐饮部和康乐部等部门。目前，餐饮的经营管理由餐饮管理信息系统进行信息处理。餐饮信息管理主要记录顾客的用餐消费情况，因此餐饮信息处理要求敏捷、准确。餐饮信息系统都是基于网络运行的，任何一个经营点的消费记录，在其他部门或经营点都能查询到。

2. 后台管理

后台管理主要针对餐厅经营的各支持部门，如财务部、工程设备部、保卫部和人力资源部等。这些部门都是通过后台信息系统来实现管理的。据调查，我国绝大多数的星级酒店基本都有后台信息系统。后台的每个部门的信息处理都有各自的特点：财务部门主要管理财务事项，其信息处理的特点是要求正确和完整；工程设备部门主要管理工程设备的运转和经营中的所有能耗（水、电、油、气等），其信息处理的特点是要求完整、实时，要完整记录设备维护和维修中的信息以及能耗的信息，及时分析异常情况，实现节能降耗的最佳运行状态；保卫部信息处理的特点是要求敏捷，当发生意外时能迅速到达现场处理，要求监控图像清晰、完整；人力资源部信息处理的特点是要求准确、完整，要记录每位员工的绩效和职位变化过程，同时要挖掘和激发员工的积极性，让每位员工感觉到有透明的考核体制，利用信息技术系统可以实现对每位员工的全方位考核。

3. 市场营销管理

市场营销的信息化管理是互联网出现以后发展起来的一种管理方式，也是餐厅实现差异化营销和个性化营销战略的基础。市场营销信息处理的特点主要是智能分析，获取营销数据，有针对性地开展线上线下促销活动。餐饮营销管理中很重要的两个方面就是渠道管理和顾客管理，充分利用渠道和维系顾客关系是餐厅经营的重要策略。信息网站目前是餐厅营销的重要工具，信息网站不但有助于开展营销活动，还可以作为维系顾客的重要窗口，更可以利用它开展电子商务。营销部要充分利用网站，注意搜集和分析顾客数据，如哪些人关心你餐厅的网站、哪些地区的顾客访问网站次数最多、主要访问哪些页面、停留的时间有多长、这些顾客消费频率怎样等。通过信息网站的互动功能，还可以给忠诚顾客送去关怀，听取顾客的需求意见，实现个性化营销。目前，利用微信、微博、抖音等开展微营销已成为餐饮市场营销未来发展的方向，餐厅可以利用这些新媒体对顾客开展线上实时营销，充分发挥新媒体信息传播实时性的特点。

餐饮信息技术和信息系统应用，尤其基于大数据技术的信息系统对餐厅经营起着至关重要的作用，对餐饮行业未来的发展产生重大影响。

三、SIMPHONY POS System 餐饮管理系统

Oracle Simphony 是一个热门的酒店餐饮管理平台，可以为餐饮企业提供销售点（POS）和后台功能，可支持各种各样的餐饮运营活动。Simphony 是基于云的销售点（POS）解决方案，它使用单一工具提供业务管理功能，具有物业管理系统、无纸化厨房显示系统、信用卡的丰富集成能力接口和报告应用程序等子系统和功能。对于希望最大限度地提高餐饮收入和效率的酒店来说，Oracle Simphony 是理想的 POS 解决方案。同时，该平台还提供与顾客互动的功能、标准化报告生成功能以及先进的中央管理功能，可提升营运效率。系统功能主要有点餐、收银、库存管理、厨房管理、考勤管理及用户礼品及忠诚管理、报告及分析等功能。

（一）SIMPHONY POS System 餐饮管理系统的主要功能

1. 多种菜式输入方法

使用 SIMPHONY POS System 餐饮管理系统时，餐厅服务人员可以采用多种输入方法来选择菜式，如菜谱分类寻菜、编码寻菜、单字寻菜等。服务人员可以选择自己所熟悉的方式进行点菜工作，以提高工作效率。

2. 实时语言转换功能

使用 SIMPHONY POS System 餐饮管理系统时，餐厅服务人员可任意选择 3 种语言作为系统的常规操作语言，来完成点菜和账单打印等工作。SIMPHONY POS System 餐饮管理系统支持简繁体中文、英文、日文等多种语言。

3. 改码功能

使用 SIMPHONY POS System 餐饮管理系统时，餐厅服务人员可以根据顾客的特殊要求，通过改码功能来设定某些菜品的制作方式等，例如，菜品"红烧排骨"可以通过

改码设定为"免糖"制作。改码后的信息会及时、准确地送达厨房的打印机，提供给厨师，作为菜品加工制作的依据。

4. 强制改码功能

餐厅服务人员使用 SIMPHONY POS System 餐饮管理系统点选菜品后，预设的强制改码功能将自动启动。该功能会强制服务人员点选菜品的制作方法、特殊口味或厨房信息，如点选了菜品"龙虾三吃"，系统会自动提示服务人员必须选出该菜品的 3 种做法（备选做法：虾肉刺身、蒜蓉蒸龙虾、虾头煮粥、葱姜炒龙虾、虾脑炖蛋、龙虾泡饭、龙虾肉麻婆豆腐）、口味及顾客的特殊要求。

5. 分单功能

SIMPHONY POS System 餐饮管理系统具备各种形式的分单功能，例如，服务人员可以按照餐厅顾客的人数和顾客用餐的内容进行分单，也可以分单至多台。

6. 追单功能

餐厅服务人员可以根据顾客用餐的情况，通过系统追单功能的点菜机进行等叫、起菜、加快出菜、漏单快出等操作，与厨房建立实时完备的沟通。

7. 漏项提醒功能

SIMPHONY POS System 餐饮管理系统中的漏项提醒功能就是指系统会自动检查每单中的"必要项"是否存在，如茶位费、包房费等，提醒餐厅服务人员就行点选，以免漏项。

8. 海鲜项目提醒功能

SIMPHONY POS System 餐饮管理系统还设置了海鲜项目提醒功能。由于部分海鲜菜品价格昂贵，其重量必须精确到克，因此，单据中海鲜项目的重量最终需由收银员来确认准确的重量，然后方可标注于账单，并打印结账。

9. 菜品多种价格功能

在 SIMPHONY POS System 餐饮管理系统中，每个菜品至少可以设置十种不同的价格，系统可以自动针对不同餐厅采用不同的价格。例如，针对同一个菜品，中餐厅采用价格有：酒吧采用价格、送餐采用价格、包房可以采用价格、散台可以采用价格等。菜品多种价格的设置大大减少了各种场景的收银工作量，并有利于统计分析。

10. 设定会员功能

通过 SIMPHONY POS System 餐饮管理系统还可以设定会员功能，相当于为顾客建立了一个客史档案。通过刷会员卡或输入会员号码的方式，实现为不同的会员自动打不同的折扣的目的。同时，系统能轻松查阅会员的历史消费记录、喜欢的菜肴口味及消费习惯等，方便餐厅经营者掌握会员情况。

11. 重印账单控制

SIMPHONY POS System 餐饮管理系统的重印账单控制功能就是为餐厅的管理者设定的，用来决定餐厅哪一级别的员工可以拥有多于一次打印账单的权限。

12. 加收或减免服务费授权功能

通过 SIMPHONY POS System 餐饮管理系统，给予餐厅的管理者一个加收或减免服务费的授权。管理者也可以授予操作人员加减服务费的权限。

13. 自由输入及多种套餐处理功能

SIMPHONY POS System 餐饮管理系统支持自由输入菜品名称及价格，并提供自由选择功能。餐厅管理者可以自由指定菜名和价格，可以实时传输到厨房的打印机。同时，系统也可以提供自由指定固定套餐、定量自选套餐、宴会自选套餐等信息。

14. 多种折扣方式设定功能

通过 SIMPHONY POS System 餐饮管理系统，餐厅管理者可以为菜品设定多种折扣方式，例如整单折扣、分项折扣、固定金额折扣、自由比例折扣、欢乐时光自动折扣、会员卡自动折扣等。

15. 优惠券管理功能

系统的优惠券管理功能是指餐厅管理者可以设置定额或不定额的优惠券，并可以实现定期发放、回收、实时监控、查验和核对等操作。

16. 收银功能

SIMPHONY POS System 餐饮管理系统的收银功能具备多种结款模式，如现金结账、信用卡结账、（旅行）支票结账、电子支付等，并且支持一张账单同时使用多种付款方式结算，还具备会员付款方式。

17. 单据控制功能

系统中的单据控制功能可以设定打印单据后多长时间不进行结账，还具有自动提醒功能，有助于监控餐厅自助餐的运作情况；同时，SIMPHONY POS System 餐饮管理系统能提供专门的报表，用于查看开单时间与印单时间的间隔情况，并进行分析，有助于餐厅监控大堂或酒吧的运作情况。

18. 重阅账单功能

通过重阅账单功能，餐厅经营者可以随时查阅已结款的账单，不受时间的限制，方便餐厅的经营管理。

19. 打印机自动监测功能

打印机自动监测功能可以及时探测到一般的打印机故障，如缺纸、卡纸等，并设有及时转向功能，即如该打印机发生故障时，会及时转向邻近的另一台打印机继续实施打印工作。

（二）餐饮企业管理控制台（EMC）

餐饮企业管理控制台（EMC）是 SIMPHONY POS System 系统中的子模块，主要用于实现餐饮企业的系统控制、报表管理等。餐饮企业管理控制台（EMC）有如下功能：

（1）控制系统配置　EMC 模块提供给用户一个统一的平台，以便控制系统中所有的配置。

（2）修改门店配置　EMC 模块允许用户从一个中心位置，修改旗下所有门店的配置。

（3）控制访问权限　通过 EMC 模块，餐厅管理者可以按照职位或员工类别，设定各级管理者和员工的访问权限，进行经营控制管理。

（4）控制界面　EMC 模块主要细分为后台企业控制界面、工作站用户界面、点单设备界面。

（5）报表管理功能 EMC 模块内置数百张报表，门店管理者和员工可以根据各自门店的经营实际来选择使用。门店管理者和员工可以自定义 EMC 模块中的报表。EMC 模块还可以通过 IE 浏览器使用，支持断点续传。

（6）其他功能 EMC 模块还支持各个门店设置多种语言的功能，例如员工语言、管理语言等。同时支持对顾客小票与收据进行设定控制。

（三）餐饮管理分析报告系统

餐饮管理分析报告系统是 SIMPHONY POS System 系统中的子模块，可以为餐厅的经营提供丰富实用的分析报表，可以从多个角度分析门店的经营情况，满足餐饮门店经营管理的不同需求。

1. 菜品成本控制

餐饮门店管理者和员工可以通过这一功能，设定店内每个菜品的成本，系统会自动提供分析报告，计算出每个菜品的销售价格、成本价格及成本率，方便管理人员与实际成本相比对，为经营决策提供准确可靠的依据。

2. 员工绩效分析

通过本功能，餐饮门店管理者可以查看员工以往的点单和售卖菜品业绩的详细情况，从而依据系统提供的统计分析报告，统计员工的绩效。这一功能可以极大地满足餐饮经营管理者评定员工绩效的需求。

3. 改码统计分析

改码统计分析功能主要是根据用餐顾客对菜品提出的一些特殊要求和建议等，进行统计分析，并提供分析报告，帮助厨房改进菜品的口味、数量和质量等。例如，如果经常有用餐顾客对某些菜品提出免糖、少辣或少咸等要求，改码统计分析功能就会对这些收集整理来的信息进行统计分析，出具分析报告，厨房就可以据此对菜品进行相应的调整，从而提升菜品的质量。

4. 菜品销售排名分析

菜品销售排名分析主要是指系统可以按照由高到低或由低到高的顺序，对本餐厅菜品的销量进行排名，并提供分析报告，餐饮门店管理者可以据此增减或调整相应的菜品。

5. 与前台系统挂账情况报告

通常情况下，酒店的用餐顾客可以将本次用餐消费挂账到酒店客房里，退房时统一结算，酒店餐厅的员工就可以与前台系统进行挂账。该功能会详细列出每笔挂账交易的情况，并提供分析报告。

（四）系统的配备及操作人员要求

SIMPHONY POS System 餐饮管理系统需配备三台触摸屏、三个钱箱、三台票据打印机、一台厨房打印机，操作人员需经过专门的学习及系统培训。除以上必要的配置之外，餐饮门店还可以选配 SIMPHONY POS System 餐饮管理系统中的餐饮预订模块、掌上点菜设备及软件和可自主编辑的电子菜牌设备及软件等。

✎ | **任务实施**

通过使用 SIMPHONY POS System 餐饮管理系统，完成不同支付方式下的收银工作。

一、现金支付

1）打开 SIMPHONY POS System 餐饮管理系统，单击"收银"键，进入收银模式；

2）单击"现金"键，进行现金收银；

3）提交准确现金时，单击"更改到期"对话框中的"确定"键；

4）在提交部分现金时，在"现金"对话框中输入现金金额，然后单击"确定"键，即可完成部分现金收银的工作。

二、信用卡支付

餐厅顾客可以使用信用卡进行支付，根据系统中的支付配置，选择信用卡结账功能。此功能键是用于授权和最终确定信用卡付款的单独按键，通过它可以帮助顾客完成信用卡付款。

1）按"信用卡"键，进行授权和终结销售；

2）轻扫信用卡或输入信用卡号和到期日期，然后按"确定"键，打印消费凭证；

3）按照消费小票，执行消费总计；

4）按"信用卡完成支付"按键，输入消费金额，然后按"确定"键，并打印顾客收据。

三、使用多张信用卡支付

SIMPHONY POS System 餐饮管理系统的收银模式也为用餐顾客提供使用多个信用卡进行消费支付的功能。收银模式配置有用于授权和最终确定信用卡付款的单独按键，用于授权和完成多个信用卡付款。

1）按信用卡授权"收银"按键；

2）轻扫信用卡或输入信用卡号和到期日期，然后按"确定"键，打印消费凭证；

3）按照消费小票，执行消费总计；

4）重复前三个步骤，以授权顾客提供支付的所有信用卡；

5）按"信用卡完成支付"按键，输入消费总金额，然后按"确定"键，打印顾客收据；

6）重复前五个步骤，直到消费金额全部支付完成。

🍗 **项目总结**

在信息化、数字化、智能化叠加的新时代，餐饮信息技术和数字化应用对餐饮企业的经营起着重要的作用。通过知识链接环节，学生了解信息与管理信息的概念、餐饮信息的主要内容和类型、餐饮数据分析及常用的数据分析工具。通过任务实施环节的训练，学生能够依据餐饮数据分析的工具和方法，进行餐饮门店销售情况分析等信息化工作，并熟练应用 SIMPHONY POS System 餐饮管理系统和餐饮企业管理控制台（EMC）模块，完成一系列餐饮管理工作。

 项目实训

实训一　分析餐饮门店销售情况

组织学生到当地星级餐厅，收集整理餐厅的当日客源、消费记录和购买记录等销售数据，选择合适的数据分析工具和方法，进行数据清洗和数据可视化处理，制作销售额的环形图、销售目标和销售额的柱形图，并得出分析结论。

实训二　信用卡支付

组织学生到当地中档餐厅，观摩餐厅员工的收银工作流程。学生反复演练收银工作中的所有环节，规范操作流程，直到可以为餐厅顾客办理信用卡支付，完成终结销售、执行消费、打印消费凭证等工作任务。

项目七 ▶ **餐饮数字化运营**

 **项目导入**

　　作为酒店餐厅主管的李琳，培训新员工是她的一项重要工作。李琳首先带领新员工认知智慧食堂和智慧餐厅，熟悉各类智能餐饮机器人的功能；并指导新员工利用易早餐系统，按照统计数据，安排厨房进行采购、备早，同时利用餐厅库存管理系统落实餐厅的各项收货和出货管理；最后指导新员工操作数字化系统、智能化设备为顾客提供准确、快捷的服务，从而完成自助点餐、智能机器人送餐、智能支付、数字化报表生成等餐饮数字化运营工作，新员工的餐饮数字化操作技能显著提升。

学习目标

1. 能复述餐饮数字化运营的主要内容和作用。
2. 能概括易早餐系统的主要功能并能熟练使用。
3. 能掌握餐厅库存管理系统的主要功能，并能利用该系统进行采购管理。
4. 能描述智慧食堂和智慧餐厅的主要内容。
5. 能区分各类智能餐饮机器人的功能。

项目实施

任务 ① 餐饮数字化发展概述

｜任务要求

　　餐厅主管李琳从市场营销、产品和服务管理、组织运营三个方面，向新员工展示餐饮数字化运营，让新员工了解餐饮数字化运营的流程，设计符合餐厅定位和规模的企业数字化发展目标的业务场景，搭建多平台宣传矩阵，实现公域精准投放、私域深度运营的目标。

｜知识链接

一、数字化和数智化

　　"数字化"与"数智化"是两个完全不同的概念，"数字化"是技术概念，而"数智化"属于数字技术的应用，两者虽有联系，但含义与使用范围相差很多。

　　1. 数字化

　　数字化是信息技术发展的高级阶段，是数字经济的主要驱动力。随着新一代数字技术的快速发展，各行各业利用数字技术创造了越来越多的价值，加快推动了各行业的数字化变革。数字化的概念有狭义和广义之分。狭义的数字化主要是指利用数字技术，对具体业务、场景进行数字化改造，更关注数字技术本身对业务的降本增效作用。广义的数字化则是强调利用数字技术，对企业、政府等各类组织的业务模式、运营方式等进行系统化、整体性的变革，更关注数字技术对组织整体的赋能和重塑。数字技术能力不再只是单纯地解决降本增效问题，而是成为赋能模式创新和业务突破的核心力量。

　　企业数字化是指企业在运营过程中所产生的信息以数字化的形式体现，主要包括企业的资金流、物流、信息流的数字化。企业应用信息网络等数字技术对信息进行采集、传输和储存。管理领域数字化是指数字化与信息技术的发展紧密结合，企业充分利用信息化技术提高经营及管理决策水平。数字化转型是指运用新兴技术，如大数据、云计算、物联网等，对企业的组织架构和业务流程进行全面优化和根本性变革，实现企业智能化发展，而不仅仅是从技术层面进行搭建和引用。企业实施数字化需要思维的转变，认可数字化并有力地实施，才能够提升企业的经营效率。数字化转型的本质是运用数字技术将企业的经营相关信息以数字形式展现出来，再依据"数据＋算法"，化解信息复杂流动的不确定性，优化资源配置效率，构建企业新型竞争优势。

2. 数智化

数智化有三层含义：一是"数字智慧化"，相当于云计算的"算法"，即在大数据中加入人的智慧，使数据增值增进，提高大数据的效用；二是"智慧数字化"，即运用数字技术，把人的智慧管理起来，相当于从"人工"到"智能"的提升，把人从繁杂的劳动中解脱出来；三是把这两个过程结合起来，构成人机的深度对话，使机器继承人的某些逻辑，实现深度学习，甚至能启智于人，即以智慧为纽带，人在机器中、机器在人中，形成人机一体的新生态。这是对"数智化"的原始认识。

随着数字技术的发展、应用程度的快速提高，"数智化"的概念也在不断地丰富与扩展。从数码相机、数字电视开始，数字技术与产品结合，使产品更"聪明"，这是最初的"数智化"形态。将数字技术用于企业管理，提升企业的决策效率与质量，使企业更"聪明"，这是"数智化"的第二阶段。数据云共享之后，不同来源的数据形成聚合，人机协同的领域日益扩展，人与环境的响应关系越来越密切，使城市更"聪明"，这是"数智化"的第三阶段。对"数智化"的传统认识，最高阶段就是"智慧城市"与"万物互联"，但也有学者认为，"数智化"还有第四阶段，那就是人与人之间的"思频互联"，也就是把人的思维看成是"万物"的特殊组成部分，进行特殊的"互联"，把"数智化"继续推进到文化层面。

二、餐饮业数字化发展的三个阶段

1. 第一阶段：信息化发展阶段（1999—2018）

2015年之前，在互联网大浪潮的席卷下，餐饮业营销开始大量从传统的线下转移到线上。在电子商务大行其道的年代，网上预订已成为餐饮企业最基本的信息化操作。从2015年开始，餐饮技术发展迈入关键时期，行业的数据意识、对客技术和效率提升类技术开始逐步应用。线上化、移动化、无线技术和大数据，是这一发展阶段的主要代表技术。在这个发展周期内，餐饮业信息化建设基本完成，但数据效能还未被激发，行业对数字化转型认知也不够充分。

2. 第二阶段：数据化发展阶段（2018—2021）

2018年，整个餐饮行业迎来了技术应用的爆发期。专注于我国餐饮行业发展分析业务的石基集团首次提出了"酒店业数字化转型"的概念。在以自助机、区块链、物联网、机器人等为代表的技术赋能下，我国餐饮业数字化转型进入加速期。由阿里巴巴集团打造的全国首家未来酒店菲住布渴，成为行业内里程碑式的大事件。通过物联网与智能技术的应用，该酒店实现了AI智能服务与全场景身份识别。"去前台化"的概念也在酒店行业进一步深入。在这一发展阶段内，整个行业的营销环境发生了剧变，经历了交易类电商、内容类电商到短视频电商的迭代。酒店也在积极布局新零售场景，打造差异化竞争优势。受疫情影响，餐饮业在数字化变革上更为积极和开放。从直播带货营销，到拥抱"无接触服务"，逐渐颠覆了传统意义上的酒店形象。

3. 第三阶段：数智化阶段（2021至今）

2021年，携程首个官方品牌"星球号"正式开通，聚合品牌产品、内容和活动；抖音正式加入文旅产业，重点发力酒旅市场；航旅纵横也新增添酒店预订业务。可以说，品牌化建设和营销成为行业眼下新的发展趋势。而在未来几年，整个餐饮行业的营销数字化将进一步加剧，线上产品极大丰富，线上渗透率预计将进一步提升。与此同时，随着数字化转型战略的进一步渗透，数据价值的优势也将进一步凸显，将在未来更多赋能餐饮数据可视化场景建设，餐饮数智化应用将呈现迅猛发展态势。

三、公域流量和私域流量

1. 公域流量

公域流量指商家直接入驻平台从而实现流量转换，比如大家熟悉的拼多多、京东、淘宝、饿了么等，以及内容付费行业的喜马拉雅、知乎、得到等公域流量平台。公域流量典型的代表有：抖音视频的曝光量、通过淘宝搜索界面进入商品页的浏览量。公域流量相对容易获取，即使一个粉丝都没有，用户发的内容也有可能被分发给百万、千万级别的用户看到。但是公域流量黏性差、稳定性差，用户触达很难保持连续性。

2. 私域流量

私域流量是社交电商领域的高频新概念，区别于传统电商消费流量，是从经营产品向经营用户的转变。企业或卖家经营的粉丝或用户不再是单一产品的受众，这种黏性可能形成一次获客而产生多次交易的行为，这些流量只属于你而非平台的竞价购得。

四、餐饮数字化运营的主要内容

针对目前一般餐饮企业的组织构成，餐饮数字化运营主要可以从三个方面开展，即市场营销数字化、产品和服务管理数字化、组织运营数字化。

（一）市场营销数字化

餐厅市场营销部的主要职责是对外沟通、开拓市场。营销数字化转型的目的是实现可规模化的个性沟通，通过数字化能力加速迭代，全方位覆盖营销链路中的所有节点。餐厅的营销渠道和营销方式两个方面都亟须数字化转型，来扩大餐厅营销的沟通规模，开拓市场。

1. 营销渠道

数字化营销打破传统销售途径，开辟新的营收渠道。首先，外卖平台是营销数字化运营中非常重要的抓手，比如餐饮企业可以与美团、大众点评等第三方平台开展合作，增加外卖业务；其次，餐饮企业应该以构建自己的粉丝群和流量池为出发点，自建餐厅APP或借助微信小程序等方式，维护餐厅的核心粉丝。除此之外，餐饮企业还可以在一些商城小程序、电商平台做相关副产品、半成品的线上零售。

2. 营销方式

传统的促销活动主要是通过线下和传统媒体来实现的，但随着移动互联网的深入发展，线上营销渗透率持续增加。数字化营销能够更好地降低运营成本，迎合消费者的消费行为，让消费者不用出门也能看到商家的消息，实现一键浏览和购买餐厅经营的产品。数字化营销不仅解决了餐厅获客难等问题，实现了留存顾客、拓展顾客的目标，销售业绩也得到了较大幅度的提升。随着自媒体时代的到来，餐饮数字化营销的重心应逐渐向新兴媒体倾斜，短视频、直播等线上新平台极大丰富了餐饮营销渠道。尤其是抖音、小红书等目标顾客所在平台，可以实时互动式展示餐厅独具特色的建筑风格、个性化的服务和多元化的场景体验。还有一些餐饮企业利用这些新兴平台，与餐饮品牌文化相契合的旅游博主合作，依靠博主的粉丝量和知名度推广和宣传餐厅。

（二）产品和服务管理数字化

1.产品和服务数字化

餐厅的服务团队和厨房团队可以从产品优化和服务创新两方面进行数字化转型。餐厅可以充分挖掘和利用所在区域的自然资源、文化资源以及周边的商业资源，丰富产品的多元性和创新服务，提高产品的竞争性。这既丰富了顾客在餐厅的活动内容，提升了顾客的用餐体验，同时，餐厅借助互联网平台，也可以将周边的资源整合于餐饮产品中，进行整体售卖，提高餐厅的销售业绩。例如，餐厅可以利用周边的四季景色，推出不同的游玩体验：春天赏花、夏天采莲、秋天瓜果采摘、冬天捕鱼等。

2.管理模式数字化

餐饮企业引入数字化的管理模式，使用电子菜单，引入餐厅、客房顾客均可使用的扫码点单功能，可以降低餐厅纸质印刷品的使用，降低成本，提高效率，也符合低碳环保的理念。通过数字化技术做好会员管理，提升复购率。通过会员激活赠礼，吸引顾客开通会员，再通过平台发放会员福利，如消费餐券等，吸引顾客到店消费。还可以通过推送一些顾客感兴趣的资讯，建立企业与顾客之间的良性互动，不断加强品牌在消费者心中的认知。

（三）组织运营数字化

餐厅的组织运营部门主要有行政人事部、财务部和工程安保部，可以针对各自的业务流程，进行数字化运营。①在餐厅行政和人力资源管理方面，可以在系统中嵌入钉钉软件，实现审批的线上化，同时和组织架构、薪酬管理、请假、审批事宜以及人员考勤等功能相融通。②在财务方面，主要是打通财务做账金蝶系统和采购合泰系统，使财务管理形成完整的闭环，借助办公软件即可生成报表。数字化的财务管理也有助于餐饮企业资金的管理及餐饮企业运行的风险管控。③在工程安保方面，借助智能化的工程系统管理软件，对餐厅的能源管控设备、电梯、灯光等所有硬件设施实施一体化、智能化管理。全天候的智能监测便于及时发现问题并尽快解决，以减少能源损耗。智能化和个性化的调节，能够更好地满足餐厅顾客的需求，提升顾客的用餐体验。

五、餐饮数字化运营的作用

1.数字化运营是餐饮行业发展的重要推动力

在"互联网＋"时代，几乎所有行业都面临新的机遇与挑战，餐饮行业只有顺势而为，把握机遇，进行数字化转型，才能不被时代所淘汰，为实现可持续发展提供可能。因此，数字化运营是餐饮企业生存的需求，是整个行业发展的内驱力。餐饮企业的数字化进程是带动整个行业数字化、搭建良好行业生态的重要推动力。

2.数字化运营有利于提升餐饮企业经营质量

餐饮企业通过加强与餐饮大数据平台的合作，可以有效解决门店成本控制难、食材保鲜难、口味统一难、多层级财务核算难、供应链管理难等问题，有利于提升门店经营效率，实现餐饮连锁企业采购、销售等各业务流程的标准化，实现营销、服务、物流、研发、制造、供应链的智能物联，推动餐饮企业实现流程再造及标准化建设，从而提升整体的经营质量。

3. 数字化运营助力餐厅降低获客成本、拓展客源

目前，顾客的消费习惯、获取信息的渠道已经发生改变，促使餐饮企业的运营方式也要发生改变。数字化可以更直接清晰地捕捉到顾客的消费行为，获取营销数据，进而做出相应的战略调整。因此，数字化运营可以有效降低餐厅的获客成本，拓展客源。

数字化运营能力是当下衡量一个餐饮企业实力的重要维度之一。当前，数字化建设已然成为餐饮企业的基础设施建设之一，部分头部餐饮企业在数字化升级上加大投入，并且已经吃到了红利。

📖｜**任务实施**

根据所学餐饮数字化相关知识，为目前餐饮企业进行数字化运营提供可行方案。

1. 发展策略层面

餐饮企业要了解自身数字化转型的成熟度，以及与竞争对手、与行业平均水平的差距，从而确定符合企业自身发展的数字化转型切入口；明确企业数字化转型可发挥的效能，创造竞争优势与实现路径。

2. 组织构建层面

餐饮企业要重构与数字化发展目标相匹配的机制、流程、组织架构与绩效评价体系，配置足够的数字化技术、运营、数据管理等方面的专家与人员。

3. 业务能力层面

餐饮企业要设计符合企业数字化发展目标的商业模式及业务场景，构建数字化运营能力，包括顾客体验、消费者触点、产品与服务匹配、品牌力提升等，实现公域精准投放、私域深度运营；优化用户体验，提高销售转化能力；搭建多平台宣传矩阵，实现私域流量价值变现。例如，可以从企业微信、公众号、微信社群、朋友圈入手；还可以借助抖音、快手等做短视频及直播运营；也可以在小红书、微博等社交平台，进行图文内容流量的打造；还要做好外卖平台的好评、口碑管理。

任务 ❷ 易早餐系统的运用

🐤｜**任务要求**

酒店新员工均为高职院校毕业生，动手能力较强。餐厅主管李琳首先向新员工介绍易早餐系统的主要内容，演示易早餐系统的操作流程，指导新员工进行餐厅数字化备早

和员工排班、核销早餐等工作，完成餐厅早餐数字化运营工作。

📖 | 知识链接

一、易早餐系统概述

　　随着餐饮行业数字化、智能化发展，越来越多的餐厅加入到数字化转型的大潮中来。通过对餐厅顾客用餐的满意度调查和深度分析后发现，现今顾客除了关注菜品的品质之外，还会关注餐厅的服务水平以及用餐环境等因素，例如，餐厅服务人员的服务态度怎么样，用餐环境是否拥挤、是否舒适等。尤其在餐厅的用餐高峰期，通常会出现顾客排队等各种会给用餐顾客带来不良用餐体验的现象。同时，由于传统的餐饮管理会耗费较多的人工，造成了餐饮运营成本上升。以上这些因素进一步推动了餐厅数字化转型的步伐。接下来，以华住集团的易早餐系统为例，详细了解餐饮数字化运营。

　　易早餐系统是华住集团餐饮整体数字化方案的重要组成部分，是一个可在移动端进行操作的早餐管理系统，比较具有代表性。易早餐系统应用用数字化和智能化的产品辅助员工快速进行餐食核销、备早，缓解顾客排队的压力，也大大节省了员工校对核算的时间，降低了人工和运营成本，提高了工作效率；同时，促使员工把更多的精力用在对客服务上，顾客的用餐体验得到有效的提升。提倡移动化管理，餐厅服务人员只需要手持手机即可完成工作，告别传统只能站在检查台服务的限制，面对面服务顾客有利于提高服务质量。

二、易早餐系统的主要功能

1. 数字化备早和员工排班

　　易早餐系统会收集、整理、汇总酒店住客和预定早餐顾客的信息，并根据预测的早餐数量进行早餐准备，为餐厅提供准确的数据，协助厨房和餐厅服务团队提前准备食材、服务设备和人员。同时，餐厅管理人员也可以据此及时调整员工排班，保证充足的服务支持。

　　数字化预测备早能够调配好资源，保证充足的备餐和服务人员，是提升顾客满意度的关键。由于酒店每天使用早餐的人数变动幅度较大，易早餐系统可以在前一天基本确定第二天使用自助早餐的人数，据此餐厅服务人员与厨师团队可以更好地安排服务人员的数量及分工。但是在传统的餐厅服务流程中，如果想要达到这一效果，就会占用工作人员较多的精力与时间，并且不能保证其准确度。

2. 核销早餐

　　核销早餐是酒店顾客进入早餐厅的第一件事，如何带给顾客良好的服务体验是服务人员面对的首要问题。

　　易早餐系统数字化核销早餐主要包括三种方式：NFC 读卡核销、手动核销和 PC 端刷卡核销。使用易早餐系统，餐厅员工可以快速完成早餐核销，既可以减少核对时间，又可以提高核销准确性。餐厅员工可以直接在易早餐手机端上进行信息查看，如该顾客所住房型是否含早餐或积分早餐等信息。顾客消费后，可以在手机端上或移动端上直接核销掉。这大大减少了早餐期间餐饮部门和前台部门之间的沟通量，从而提高工作效率。易早餐系统还具备周预测功能、数量统计功能等，供财务等相关部门进行统计分析。

易早餐系统首页还会显示核销早餐进度条，如图 7-1 所示。餐厅员工可以在查看早餐份数的同时，实时了解顾客用餐核销进度，从而判断是否需要补充菜品。

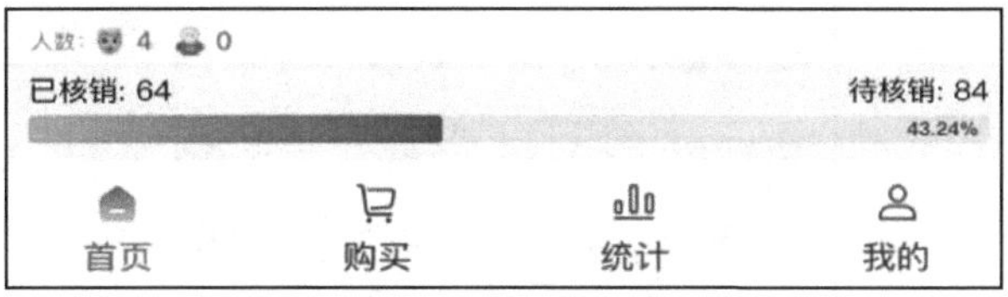

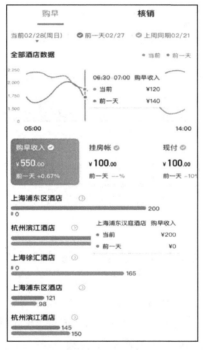

图 7-1　易早餐系统核销早餐进度条

同时，易早餐系统还可以实时统计顾客用早信息，实时同步和自动输出相应核销情况，如图 7-2 所示。数字化核销功能使餐厅各部门能及时准确获取相关核销数据，提高工作效率，大大减少人工核算成本，可以有效推动餐厅运营管理水平的提升。

图 7-2　易早餐系统核销早餐界面

3. 顾客餐厅购买早餐

易早餐系统的购早功能也支持顾客在餐厅直接购买早餐，或者将早餐挂入房账，离店时统一结算等。早餐类型可以事先在易早餐系统的后台进行配置。酒店工作人员还可以直接在手机上为顾客进行早餐购买。当顾客选择挂房账时，该消费将会同步到 PMS 中，使购早消费更精确、快速。对于已经退房的顾客，易早餐系统暂不支持挂房账操作，因此针对此情况，服务人员可以向其推荐支付宝、微信的支付方式。

当顾客选择支付宝、微信方式付款，服务人员点击确认支付，即可扫描顾客的付款码进行收款。同时，餐厅管理人员可以查看购早的数据报表，实时知晓购早收入，保证餐厅运营工作有效进行。支付界面如图 7-3 所示。

图 7-3　易早餐系统购早支付界面

4. 餐后评价

餐后评价对于餐厅提升服务质量非常重要。易早餐系统的评价功能主要是通过向顾客发送餐后评价调查问卷，来了解顾客对餐厅的评价，针对性解决问题，提升餐厅服务水平。同时，评价系统也可以为顾客的选择提供有效参考。现代餐厅越来越重视来自顾客的评价，甚至是投诉，这不仅可以体现餐厅的诚意，也能够起到缓解舆情、树立餐厅正面形象以及改进餐厅服务质量、提升顾客满意度等效果。

顾客在对餐厅形成良好评价的过程中，并不是只注重食物口味和卫生情况，还会关注的因素有：餐厅员工的服务态度、周边环境、餐位数量、餐厅的舒适度（包括餐厅的温度、隔音效果、餐厅座位是否舒适和餐厅光线是否适宜）等。餐厅顾客可以在易早餐系统的体验评价界面（见图 7-4）针对餐厅的服务水平、性价比、周边环境、服务态度以及服务质量等方面，做出相应的评价。

5. 早餐数字化报表统计

以往餐厅统计早餐收入的方式是需要餐厅销售部门和财务部门进行手动分类汇总，统计时长基本以周、月为单位，无法及时反馈当日的收入数据。并且手动汇总也主要以早餐收入为主，无法详细到每日各时间段的数据，这在一定程度上影响了管理人员对餐厅运营情况的掌握。

图 7-4　易早餐系统体验评价界面

　　现在，越来越多的餐厅采用数字化运营方式进行数据统计。还是以华住的易早餐系统为例，在统计页面可以查看购早、核销的高峰时间段以及每个时间段的核销量。例如，在购早的日统计明细中（见图 7-5），可以看到房间号码、早餐大类名称、实收费

购早日统计明细			总收入：¥300.00	
房间号码	大类名称	实收费用	支付方式	支付时间
1001	早餐 BF	39.00	挂房帐	2021.02.20 11:30:58
1002	早餐 BF	39.00	现金	2021.02.20 11:30:58
1003	早餐 BF	39.00	支付宝	2021.02.20 11:30:58
1004	早餐 BF	39.00	微信	2021.02.20 11:30:58
1005	早餐 BF	39.00	支付宝	2021.02.20 11:30:58
1006	早餐 BF	39.00	微信	2021.02.20 11:30:58
⌄				
用餐核销日明细			早餐核销：¥300.00	

图 7-5　易早餐系统购早日统计明细

用、支付方式，支付时间等信息。同时，也可以自动输出早餐报表，让酒店集团和单店餐厅了解早餐厅运营状况，协助其制定相应的策略和决策。餐厅可以根据这些信息预估和安排每日的备餐、工作人员计划。同样，餐厅的运营管理工作也可以按照每日的收入金额是否上涨或下降，来判断是否需要培训优化工作人员或增强营销措施等。

如图 7-6 所示，餐厅运营工作人员可以直接使用易早餐系统查看早餐部分的整体经营情况、购早收入情况、核销进度等。餐厅经营管理人员可以在易早餐系统购早日统计整体表图中，自由选择日统计、月累计、年累计等不同时间段来查看经营的数据汇总。整体表图可以让餐厅整体收益展现得更加清晰。

图 7-6　易早餐系统购早日统计整体表图

✎ | 任务实施

一、数字化备早和员工排班

（一）数字化备早

在数字化时代，使用早餐管理系统进行数字化备早是非常有必要的。目前华住所使用的易早餐系统，包含移动端和 PC 端管理后台。下面将介绍易早餐系统在备餐场景下的使用流程。

每天，易早餐系统会自动收集整理顾客的购早信息。餐厅的厨师团队可根据就餐的人数和份数，进行备餐。在易早餐系统购早统计页面（见图7-7），可以查看当日客例、消费记录和购买记录等信息。其中待消费（数）、已消费（数）可以实时告知厨师团队，根据目前已消费的顾客数量和当天即将到来的顾客数量，厨师团队可以更快速、便捷地掌握用餐情况，从而精确准备所需早餐食材、备品和服务人员，节约成本，避免浪费，既可以增加餐厅的效益，也有助于为顾客带去更好的服务体验。

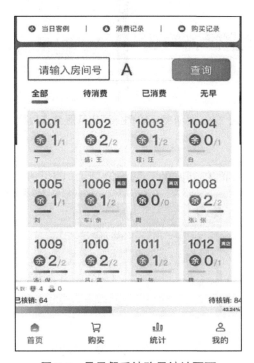

图 7-7 易早餐系统购早统计页面

（二）员工排班

餐厅管理人员或厨师团队也可在统计页面，查看当日统计、一周预测、消费记录等信息。根据第二天就餐顾客数，进行员工排班，合理安排和调动服务人员，以免出现服务人员不够或餐数不够的情况，为餐厅节约一定的人力成本与餐饮成本。

二、数字化核销早餐

（一）手动核销早餐

易早餐系统中的早餐核销功能同样可以在移动端上或 PC 端上进行操作。登录易早餐系统后，执行下列操作：

1. 选择酒店及服务点

选择用户所在酒店，单击"下一步"；选择服务点，通常为"早餐"，单击"确定"（见图7-8）。

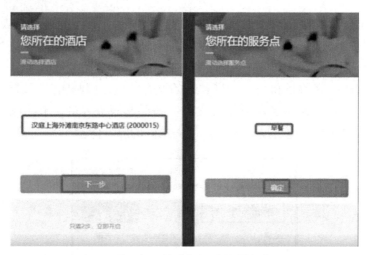

图7-8 易早餐系统选择酒店及服务点界面

2. 切换酒店

若需切换酒店，单击页面右上方的"切换酒店"，即可进行切换，如图7-9所示。

图7-9 易早餐系统切换酒店界面

之后在对话框内输入房间号，单击"验证"，即可查看顾客早餐购买情况。

3. 验证界面及会员等级

验证界面会呈现入住人信息，如顾客姓名和会员级别，如图7-10所示"B"处。同时可以查看这个房间具体的早餐数量，服务人员一定要进行确认，并准确核销。比如，房间包含两份早餐，但是只有一位顾客来消费，那服务人员相应地只需要核销一份早餐；如果有两位顾客来消费，那就核销两份早餐。

房间早餐已用及剩余数量，可在图7-10所示"C"处查看。

若要调整消费份数，点击"消费份数"下的加减号即可；核销早餐可直接点击"确认消费"。

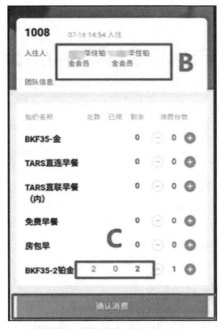

图 7-10　易早餐系统验证界面

在易早餐系统中，即使已经在前台办理退房手续的顾客，依然可以前往餐厅消费早餐，服务人员可以正常核销，前提是提示顾客，让顾客自由选择退房与用餐的先后顺序。

（二）NFC 核销早餐

服务人员开启易早餐移动端的 NFC 功能后，将顾客的房卡放到手机上，即可查询顾客及早餐信息详情，并进行核销，如图 7-11 所示。NFC 快速核销可以帮助酒店餐饮部门避免出现大量顾客排队等待核销的情况，有效节约了核销早餐的时间，大大提高了工作效率。

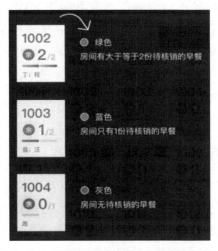

图 7-11　易早餐系统 NFC 核销早餐界面

⊙ | 任务要求

培训新员工的餐厅主管李琳，首先向新员工介绍了餐厅库存管理系统的主要功能，指导新员工应用餐厅库存管理系统，进行数字化收货入库、库存查询、仓库收入发出报表和仓库盘点，完成餐厅库存管理数字化运营工作。

⊟ | 知识链接

一、餐厅库存管理系统概述

目前，国内酒店数字化程度较高的库存管理系统能覆盖餐厅、库房内的各种使用场景，可实现仓库物品出库、入库、调拨、领用、查询、盘点全流程线上管理。库存管理是酒店后台管控的重要环节，由于涉及大量物料、单据和人员，也是传统酒店后台管理中流程较为复杂的环节。通过数字化系统可对流程进行线上记录和溯源，使库存管理更加规范；可对物品流动情况和库存变动情况进行实时跟踪，使管理更加清晰，便于餐厅后台实现成本管控。

二、餐厅库存管理系统的主要功能

（一）采购管理功能

餐厅库存管理系统的采购管理功能主要用于餐厅采购商品的库存管理。餐厅工作人员可通过该功能对采购商品进行管理，新建和编辑采购商品的报价信息，并实时查看仓库内库存的变动情况。采购商品的报价信息主要是指采购商品的各种详细信息，如图 7-12 所示，如供应商编号、供应商名称、供应商类别名称、物品类别名称、物料编号、物品名称、英文名、规格、报价单位、基本计量单位、转换率、含税单价、不含税单价、增值税税率、报价类型、生效日期、过期日期、状态、修改人、修改时间、创建人、创建时间和来源等。

（二）固定资产管理功能

固定资产是指在产品生产过程中，用来改变或者影响劳动对象的劳动资料，是固定资本的实物形态。餐饮企业的固定资产在生产过程中可以长期发挥作用，长期保持原有的实物形态，但其价值则随着餐饮企业生产经营活动而逐渐地转移到餐饮产品成本中去，并构成产品价值的一个组成部分。对于那些原始价值较大、使用年限较长的劳动资料，企业一般会按照固定资产来进行核算。

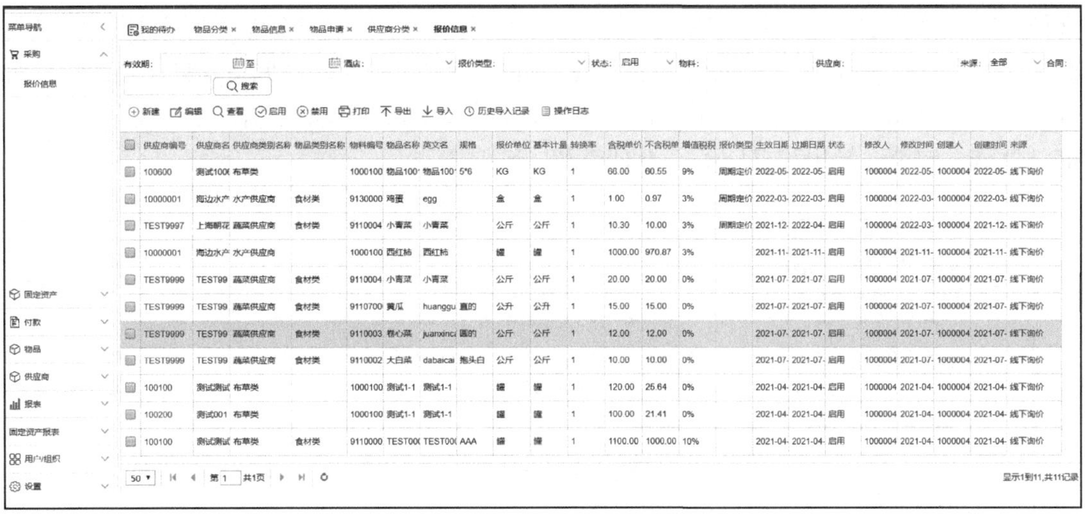

图 7-12　采购管理功能的报价信息界面

固定资产管理功能主要是对餐厅固定资产的损耗、折旧、替换、更新、核算、维持和修理进行管理。固定资产管理功能的资产列表界面如图 7-13 所示，主要包括（资产使用）状态、资产编号、资产名称、资产类别、规格型号、品牌、计量单位、来源、购入时间、使用部门、固定资产原值、管理员、预计使用期限（月）、存放地点等信息。

图 7-13　固定资产管理功能的资产列表界面

（三）付款管理功能

付款管理功能主要包括付款单管理和发票管理两部分。

1. 付款单管理

在付款单管理界面可以查看付款单中一系列详细信息，如付款单号、供应商、不含税金额、收货税额、收货金额、实付月份、付款日期、实付金额、发票号码、发票金额、付款状态、审批状态、创建人、创建时间、修改人、修改时间等（见图7-14）。通过付款单管理功能，可以实现生成付款单、查看、编辑和提交付款单、供应商确认、审批、付款、取消、导出和打印等一系列流程。

图7-14 付款管理功能的付款单管理界面

2. 发票管理

在发票管理界面可以查看发票的具体信息，包括发票单号、供应商、付款单号、发票号码、开票日期、发票金额、状态、发票类型、创建人、创建时间、修改人、修改时间等发票信息（见图7-15）。通过发票管理功能，可以实现发票的录入、查看、编辑、关联付款、确认开票、作废、导出和同步单据等操作。

图7-15 付款管理功能的发票管理界面

（四）物品管理功能

物品管理功能主要包括物品分类、物品信息和物品申请三个功能，如图7-16所示。物品分类包括库存系统中物品的中文名、英文名、编号、来源、外部编号、状态、修改时间和修改人等信息。通过物品分类功能，能够对物品进行新建、编辑、查看、启用、禁用、导入和导出。物品信息功能除了包括物品分类中的一些基本信息外，还包括物品的规格、分类、物品类型、基本计量单位、采购单位、入库转化率、配方单位、配方转化率、状态等信息。通过物品信息功能，能够对物品进行新建、编辑、查看、启用、禁用、导入和导出。物品申请功能可以对库存物品进行提交审批、审批同意、审批拒绝等操作。物品管理功能极大地提高了工作效率，并节省了餐厅经营的人力和成本。

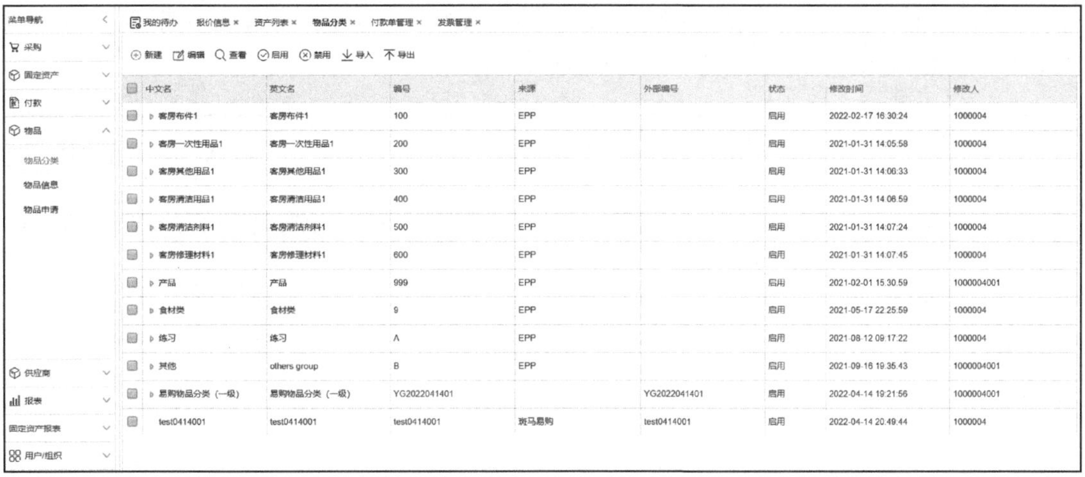

图 7-16　物品管理功能界面

（五）供应商管理功能

供应商管理功能主要包括供应商分类、供应商信息和供应商申请三个部分，如图 7-17 所示。供应商管理功能对供应商进行了详细的分类，建立供应商档案，包括供应商的增值税税率、财务代码、来源、外部编号以及供应商的发票类型、详细地址、公司电话等信息，这一功能实现了系统内对供应商进行提交审批、审批、启用或禁用等多种场景的统一管理，有效提升了餐厅库存管理内部流程的效率。

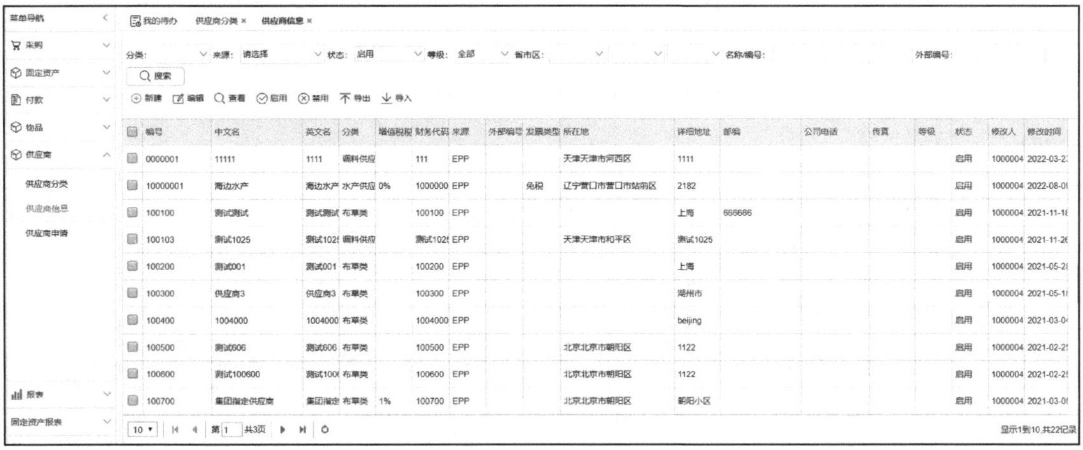

图 7-17　供应商管理功能界面

（六）报表生成功能

报表生成功能主要是统计餐厅仓库物品入库、出库、采购、供应商供货、调拨领用、库龄、周期定价等信息，有利于工作人员了解仓库内所有物品的实时库存情况。报表生成功能提供的主要报表有物品慢动统计报表、集团供应商供货统计、仓库采购统计、调拨领用统计报表、存货库龄分析表、供应商库龄分析表、周期定价报表、供应商供货统计、仓库收入发出统计等，如图 7-18 所示。

图 7-18　报表生成功能界面

📝｜任务实施

利用餐厅库存管理系统中的采购管理功能，完成采购中新建、编辑和查看等操作。

利用餐厅库存管理系统中的采购管理功能，可以新建和编辑采购商品的报价信息，并实时查看仓库内库存的变动情况。在餐厅库存管理系统界面的左侧菜单导航中，单击"采购"，再单击"报价信息"，就可以看到已采购商品的明细，如图 7-19 所示。

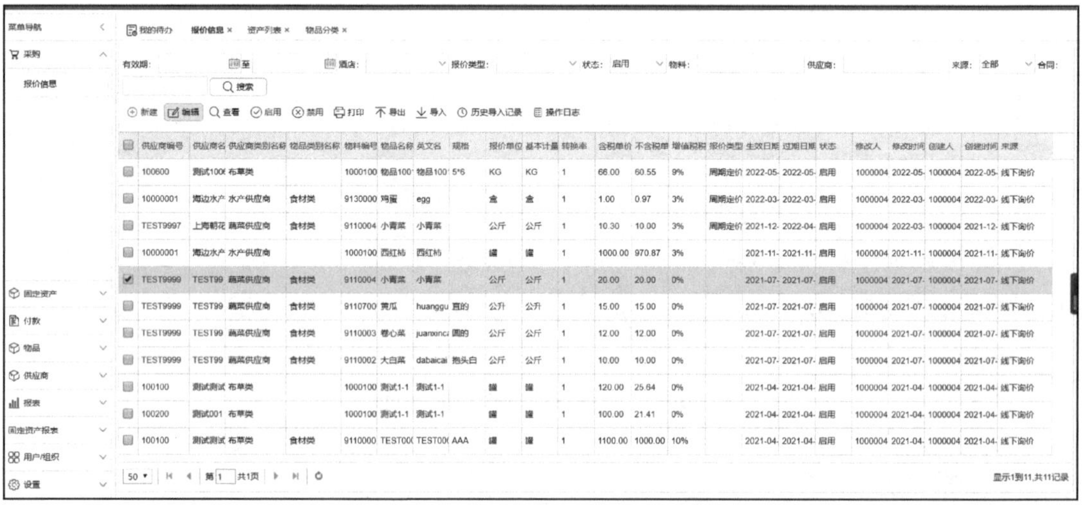

图 7-19　采购功能中报价信息界面

1. 新建采购

在餐厅库存管理系统的"报价信息"界面中，单击"新建"，会弹出相应的文本框，可以录入采购商品详细信息，如供应商（名称）、物料（名称）、基本计量单位、生效日期、过期日期、含税单价、不含税单价、增值税税率、报价单位、转换率、报价类型等。商品信息录入完成后，单击"保存"，完成采购商品的新建操作，如图 7-20 所示。

图 7-20 采购功能中新建界面

2. 采购商品的编辑

在餐厅库存管理系统中的"报价信息"界面中，选中想要编辑的商品，如供应商编号为"TEST9999"的蔬菜供应商，单击"编辑"，就可以对该项采购商品的详细信息重新进行编辑。编辑完成后，单击"保存"，完成商品信息更新，如图 7-21 所示。

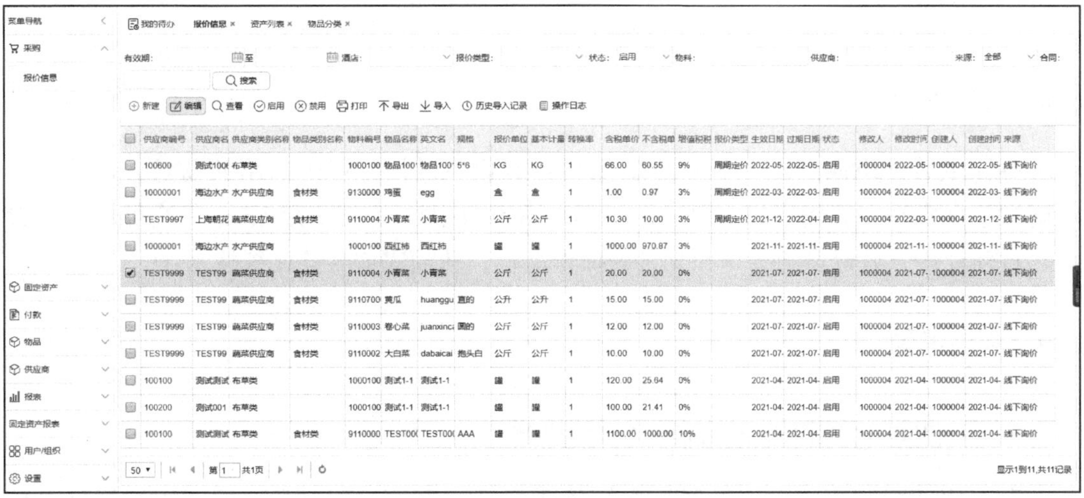

图 7-21 采购功能中编辑界面

3. 查看

在餐厅库存管理系统的"报价信息"界面中，选中想要查看的商品，单击"查看"，就可以查看该项商品的供应商（名称）、物料（名称）、基本计量单位、生效日期等信息，如图 7-22 所示。查看完毕后，单击"关闭"即可。

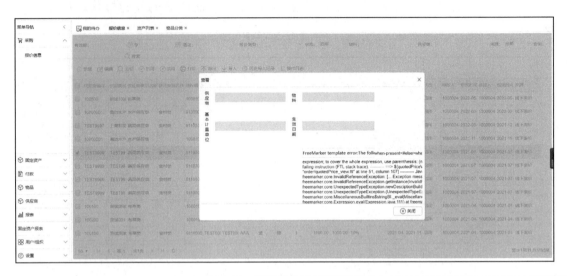

图 7-22　采购功能中查看界面

任务 4　智能化餐饮服务

 | 任务要求

餐厅主管李琳向新员工展示数字化和智能化在餐饮行业中应用的场景，让新员工了解智慧食堂和智慧餐厅的主要运作流程，熟悉应用自助点餐系统，进行自助绑盘、打餐、自动计价、后台自动结算和支付等操作流程，从而完成智能化餐饮工作。

🍴 | 知识链接

一、数字化和智能化对餐饮行业发展的意义

数字化和智能化的飞速发展给各行各业带来了新的发展机遇，即利用互联网创新产业经济发展，餐饮行业也不例外。数字化已经成为餐饮信息系统升级和产业发展的新驱动力。为了顺应数字化经济时代的发展，也为了提高应对不确定危机的能力，餐饮行业正在从信息化迈向数字化、智能化时代。大数据、人工智能等新技术应用已经成

为整个产业转型升级的催化剂，将重构酒店经营的生产、分配、消费等经济活动中的各个环节，进而催生出数字化下的新产品、新技术、新服务，给餐饮消费者带来全新体验。

二、数字化和智能化在餐饮行业应用的范围

（一）软件系统的升级和优化

在信息化时代，餐饮和酒店企业在主要业务方面已普遍使用信息软件进行管理，包括餐饮管理系统、人力资源管理系统和财务管理系统等，应用的往往都是单一的软件，如 POS、PMS、OA 和 RMS 等。而数字化时代要求更多的是，数据得到有效利用，借助云计算和大数据技术整合已有的系统，并与计算机网络联通，数据可以共享，大数据对产生的海量数据进行有效分析，从而指导餐厅运营；进行全域流程管控，消除信息孤岛，提供多源决策支持系统。例如，原来的餐饮信息管理系统将不再是企业内部运营的独立系统，这个内部系统将通过数字化改造转型成为开放的互联系统。数字化是将内外系统（抖音、微信、美团、大众点评等外部系统）、软硬件系统（智能机器人、智慧客房、自助点单结账系统等硬件系统）、虚拟现实系统相结合（AR/AI、元宇宙技术）的复杂系统。

（二）智能化提升顾客用餐体验，提高餐饮服务效率和质量

目前，物联网、云计算、大数据等数字技术在餐饮业的应用日益广泛。从餐厅预订、顾客自助点单、智慧机器人服务到自助离店等一系列的过程都会采集顾客数据信息，拼凑更加全面、完整的顾客画像。有了这些画像数据，餐厅可以在高峰期缓解点单和结账的压力，智能机器人协助餐饮员工运送物品，餐厅内的智能家居根据顾客喜好，自动调节灯光、温度等；同时，餐厅的营销也会更具针对性，可以为顾客提供更具个性化的服务，从而增强顾客的黏性。

三、智慧食堂

随着餐饮行业数字化转型，涌现了一批结合线上食堂、健康膳食为用户提供线上线下、前后台一体的智慧食堂解决方案，致力于打造高效、安全、节约、健康、智慧饮食。南京小牛智能科技有限公司就是一家行业领先的数字化食堂（智慧食堂）产品公司。它在核心产品的基础上，以行业领先的 RFID 和 AI 技术为基础，自主研发餐线无人收银、自助计量餐食、人脸消费机和食堂管理软件等核心产品。

（一）自选餐线系统

如图 7-23 所示，自选餐线系统具有超市化取餐功能、智慧餐台功能、菜品识别功能、智能保温餐盘功能、计量称重功能和多方式结算功能等主要功能。系统赋予用餐顾客超市化的取餐体验，即顾客根据自身的喜好，可随意挑选菜品。系统自动识别菜品的相关信息，自动依据菜品的种类和重量进行计价。同时，用餐顾客可以通过系统进行人

脸支付，最快可至 0.8 秒，真正实现了"一秒一单"的无人快速收银。

1. 超市化取餐功能

超市化取餐功能采用小碗菜的自选餐线，顾客可自由取餐，相比套餐可减少 90% 以上食物浪费，营业额却平均提升了 15% ～ 20%。顾客通过该功能可免于排队结算，收银时间从传统人工收银的 20 ～ 60 秒，减少为 5 ～ 10 秒，真正实现无人快速收银。同时，该功能也减少了一半以上的收银人员，为餐厅节省了人力成本。

图 7-23　自选餐线系统

2. 智慧餐台功能

由 RFID 技术支持的智慧餐台，如图 7-24 所示，可以达到 99.9% 读写准确率，从读盘到支付成功只需 0.8 秒，并且可以达到 72 小时不间断读取，极大地提高了结算效率。同时，支持多种支付方式，如人脸识别、刷卡或扫码。显示界面为 15.6 英寸全视角屏，为餐厅顾客提供舒适的阅读体验。贴合式电容触摸屏也为用餐顾客带来更便捷的操作体验。

图 7-24　智慧餐台

3. 菜品识别功能

菜品识别功能主要是利用 AI 识别技术，实现自动识别菜品信息、热量计算、语音提示、自助快速结算等流程。餐厅顾客只需将餐盘置放在结算台的结算区，系统就会自动识别菜品的相关信息，如菜名、种类、价格等；同时通过数据分析计算热量，并进行语音提示，之后即可完成人脸识别、刷卡或扫码支付。主要功能如图 7-25 所示。

自助结算 菜品识别 云数据 语音提示 数据分析 多方式付款

图 7-25　菜品识别主要功能

4. 智能保温餐盘功能

智能保温餐盘功能做到了无感出品，即用餐顾客无须做出其他特定动作，打完菜即完成餐食出品。餐具与菜品智能恒温，且餐盘无须分类，利用 AI 识别技术，实现菜品自动识别，即时完成菜品与餐具的对应。智能保温餐盘，如图 7-26 所示，自带显示屏，实时显示菜品的名称、单价、重量和总价。触摸按键，顾客也可以随时调换菜品，购买信息通过声、光两种方式，同步提示顾客餐食是否出品成功。

图 7-26　智能保温餐盘

5. 计量称重功能

称重计费系统实现了自动称重计费。根据菜品的单价和重量来计量收费，计量精确到克，有效杜绝浪费。这种按量自动称重计价的功能令餐厅和食堂的顾客耳目一新，丰富了顾客的用餐体验，同时明显减少浪费，降低了人工支出，提高了餐厅的收益。

营养计量称重功能可精准计量各种菜品的营养和热量，可以根据顾客需要来制定营养摄入方案，也提供过量提醒的服务。营养计量包括：计量菜品的能量（千卡）、蛋白质（克）、脂肪（克）、碳水化合物（克）、纤维（克）、胆固醇（毫克）等。例如，点选菜品"红烧鸡翅"后，就会出现一系列相关营养计量信息，如图 7-27 所示。

6. 多方式结算功能及其他

自选餐线系统还支持多平台的订餐与结算，如通过微信、企业公众号、钉钉等平台进行预订、结算。这就像为餐厅配备了一位灵活的智能餐厅助理。厨房可以按照预定的数量，有计划地进行备餐和出餐，有效避免了浪费，节约了成本。自选餐线系统还具有诸多功能，包括：引流叫号、移动宣传、餐点推荐、便利结账、路线指引等。

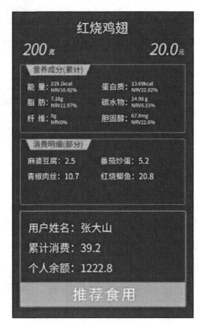

图 7-27　菜品营养计量信息

（二）自助点餐机

自助点餐机是一种替代人工点餐、结账的自助终端机器。自助点餐机主要适用于美食城和快餐店等餐饮档口。自助点餐机无须顾客排队等餐，厨房备好餐食后，叫号取餐，减少了顾客排队点餐和排队取餐的麻烦。同时，可实现档口无人收银，减少餐厅人工成本，提升餐厅收益。

自助点餐机的实用性功能有以下几点：

（1）方便顾客自主点餐　自助点餐机可以直接代替餐厅服务人员，每位顾客可依据自身喜好选择菜品、设置口味。自助点餐机还将服务人员的选菜和下单等流程细化到每个顾客身上，缓解了服务人员的压力。这种方便的点餐方式使点餐更自由、更自主，可减少排长队等候时间，符合目前快节奏的生活方式。

（2）提升翻台率　自助点餐机在缩短顾客就餐前后等候时间的同时，也提升了餐厅的翻台率，降低了高峰时段顾客流失率，避免了"漏单""逃单"等状况的发生。在无人点餐的时候，自助点餐机屏幕还能播放广告，进行宣传，一机多用。顾客自助点餐方式能够帮助餐厅减少服务人员，大大地节约培训和管理带来的时间成本，也节省了餐厅的人力成本。

（3）结算方便快捷　自助点餐机还实现了方便快捷的自助结账，顾客可以选用各种方式支付，如支付宝、微信或刷脸等付款方式，为每位顾客带来最方便快捷的结算体验。自助点餐机在打印小票的同时，后厨同步出单，然后出餐叫号，顾客凭票取餐，有效地降低了餐厅的错菜概率，既提升了服务质量，又增加了餐厅收益。自助点餐机有挂墙、支架两种置放方式，尤其适用寸土寸金、用人成本较高的一线城市或黄金地段。现在，自助点餐机已成为大多数餐厅不可或缺的智能设备。

四、智慧餐厅

技术的发展迫使餐饮企业加快了智能化转型的步伐。同时，消费者更加关注食品安全、营养健康等问题，这也倒逼餐饮业注重各环节的紧密合作及全产业链的协调发展，迫使全行业更加注重数字化和智能化发展。因此，一些智慧餐厅和无人餐厅如雨后春笋般纷纷涌现。

（一）智慧餐厅

2020年6月，碧桂园旗下的千玺机器人集团推出全球首家机器人餐厅综合体——FOODOM天降美食王国，通过核心技术打造智能餐饮。该机器人餐厅共计拥有餐饮机器人设备逾40台，包括自助式蒸箱、粉面浇头机、能量早餐机、小龙虾自助售卖机、新零售咖啡站、出碗机、汉堡机器人、单臂炸机器人、迎宾机器人、雪糕机器人等。餐饮机器人再配以相应的客户服务系统、智能调度系统、设备管理系统等，就可以实现顾客点单、设备烹饪、出餐送餐、库存管理的全流程智慧一体化管理。

（二）无人餐厅

2018年2月，阿里巴巴旗下的盒马鲜生在上海推出第一家机器人餐厅。这家机器人餐厅可以说是对传统餐馆的一次巨大颠覆，全部采用自动化设备，点菜、做菜和传菜等环节都实现了无人化。顾客在进入餐厅后，首先扫码自主选座，然后通过座位上的二维码点餐。如果想吃海鲜，还有专门的水产区可以直接捞到活的海鲜，单独付账后由专门的人员将其通过传送系统送到后厨。当出现客流量较大的情况时，待处理的海鲜将由机器臂放置在恒温4℃的冷藏货架上，以防失去原有的鲜味。而菜肴制作完毕后，将被AGV小车送到顾客面前。全部过程被基本控制在半个小时之内，甚至更快。有时候菜都要比人先上饭桌，真正实现了菜等人。众多好奇的顾客体验之后，连连称赞。

五、智能餐饮机器人

十四五期间，餐饮业仍将是形成强大国内市场、释放内需潜力的重要力量。根据预测，2023年我国餐饮市场规模将突破5万亿元。《国务院食品安全办等14部门关于提升餐饮业质量安全水平的意见》提出，要全面提升餐饮业创新发展水平，推动餐饮业向大众化、集约化、标准化转型升级。工信部报告显示，2021年我国机器人产业规模快速增长，全年全行业营业收入超过1300亿元。进军餐饮机器人，打造上下游全产业链闭环，产业链前端通过原材料供应基地保障餐饮食材，产业链后端为社区、酒店、教育等提供智慧化餐饮服务，实现与主营业务协同提升、联动增效，是餐饮企业未来的发展方向之一。

（一）炒菜机器人

顾客扫码点单后，工作指令就会发给炒菜机器人（见图7-28），炒菜机器人迅速启动机械臂，开始炒菜。炒菜完成后，AGV 送菜小车会在头顶云轨上平稳穿行，很快菜品就会放在盘子里从"天"而降，抵达顾客所在的桌位。顾客下单后物流传送系统能够高效、快速、准确地把菜品输送至对应的餐桌上。除了出菜效率高，这些机器人"师从"各地名厨，经过精准测算的标准化程序，能精准地"记住"师傅的技艺，并稳定地还原大厨的地道手艺。传统中餐菜品因为厨师不同、技艺差别容易出现品质不稳定、口味差异大等问题，但自动化、标准化的机器人烹饪制作过程排除了人为干扰因素，保障了菜品品质稳定，同时大大提高了出菜效率。

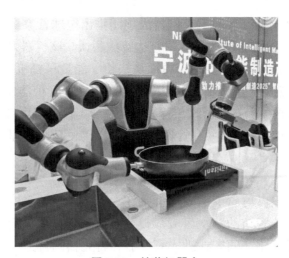

图 7-28 炒菜机器人

（二）餐饮机器人

餐饮机器人创新地实现了软硬件融合、人机融合，较好地达成了机器人实际应用过程中的运动精确性、作业平稳性、布局多样性。粉面机器人、早餐机器人、咖啡机器人等多款餐饮机器人可实现多种餐食制作的功能，如早餐机器人制作一个汉堡仅需要 5 ～ 20 秒。现代社会由于竞争激烈，部分购餐顾客可能不需要就餐空间，但是要求较快的出餐速度，这就给机器人餐饮提供了巨大的发展空间。

（三）自助点餐机器人

餐饮行业的人力成本是困扰经营者的一大难题。餐厅、饭馆等餐饮场景当中涉及许多人力环节，从点餐、下单、炒菜和送餐都需要人手去完成。但在客流高峰期，过少的人手会造成出餐慢、顾客等待时间长等情况；在客流淡季时，店员比顾客还多，过多的人手又会造成人员冗杂，收入与支出不成比例，因此人手调配是否合理会极大影响餐厅营收水平。自助点餐机器人的智能终端设备和扫码点餐手段可以使餐厅更加灵活地调配人力和降低用人成本。自助点餐机器人能节省店员点餐的工作量，让顾客能随时快速点餐，无须等候店员来下单。自助点餐机的使用无须太高门槛，在屏幕上即点即下单，不用通过手机授权个人信息等步骤就能直接点餐，对各类型群体的顾客都较为友好。同时，一些比较先进的自助点餐机还支持扫码支付、刷脸支付和刷卡支付，支付方式更加多样化。

(四)餐厅智能配送机器人

目前，一些餐厅引入了智能配送机器人，如图 7-29 所示，可实现自主配送菜品、自动避障、人脸识别、自助点餐、刷脸支付、定位导航、语音交互和餐厅引领等功能。在点餐和送餐环节上实现无人化，节省人力成本，让人力资源调配更灵活。这些机器人不仅仅可作为餐厅菜品配送机器人，更可应用于医院、酒店、楼宇、商场等场所的餐饮配送工作。

图 7-29　智能配送机器人

智能配送机器人能够根据餐桌位置高效、精准地自动配送，具有餐盘智能提示、自主充电、运行状态提醒等功能；减少运维服务响应时间，让机器人可以在更短时间内投入使用，节省时间成本。智能配送机器人通过导航定位系统绘制地图（见图 7-30），匹配现场环境并制定行进路线。餐厅服务人员可以通过云服务平台，远程连接并控制机器人，全程可视化构建导航地图，自定义标定位置，实时监测运行数据，自主规划路径。

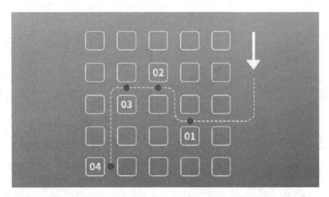

图 7-30　智能配送机器人通过导航定位系统绘制的地图

(五)速递回转送餐系统

速递回转送餐系统（见图 7-31）可以根据餐厅环境、室内设计、品牌形象或餐厅的特定需求来设计，使用马达为食物传送带提供动力，将物品或膳食运送到指定的顾客用餐餐位。其转轨列车输送设备可适应不同的空间，配送模块可以根据顾客的需求定制，设备内部采用多个转向系统，以实现直线配送、转弯或回转配送。它主要适用于各种自助餐厅，如日料店、回转寿司店、自助拉面店、回转火锅店、自助快餐店等。

图 7-31　速递回转送餐系统

速递回转送餐系统可以搭配移动点餐系统使用，增加与顾客互动，将用餐体验提升到更高层次。当顾客点餐时，订单需求会传达到厨房，然后送餐系统会根据指令迅速送餐，节约时间。系统可以提供不同标准的送餐列车设计，餐厅也可以根据自己的需要，调整餐车的形状、颜色和商标的配置。这不仅可以呼应餐厅的主题，也有助于增加顾客的乐趣。速递回转送餐系统还能够贴合餐厅布局，让自动送餐车触达每一个角落，增加送餐范围，大大降低店内人员菜品运输风险，降低人员传送菜品的工作量，缩短送餐时间，提高餐厅运营效率。

✍ | 任务实施

请使用自主点餐系统进行自助点餐及结算。

1. 先打餐再结算

餐厅顾客可以采用先打餐再结算的方式，即顾客可以随意选择餐盘，自助打菜，然后到收银台自动计价、结算，再进行扫码、刷卡或刷脸支付，如图 7-32 所示。

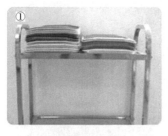

图 7-32　自主点餐系统中先打餐再结算的方式

2. 先绑盘再打餐

餐厅顾客也可以采用先绑盘再打餐的方式，即顾客使用餐盘绑定机，通过扫码、刷卡或刷脸的方式绑定托盘，然后自助打菜，后台进行自动结算后，顾客再进行支付，如图 7-33 所示。

图 7-33　自主点餐系统中先绑盘再打餐的方式

🍗 **项目总结**

　　为了顺应数字化经济时代的发展，也为了提高应对不确定危机的能力，餐饮行业正在从信息化迈向数字化、智能化时代。大数据、人工智能等新技术应用已经成为整个产业转型升级的催化剂，将重构酒店经营的生产、分配、消费等经济活动各环节，进而催生出数字化下的新产品、新技术、新服务，给餐饮消费者带来全新体验。通过本项目知识链接环节，学生了解餐饮数字化运营的主要内容和作用，掌握使用易早餐系统和餐厅库存管理系统的各种操作，了解智慧食堂和智慧餐厅的主要运作流程和功能，能够区分各类智能餐饮机器人的功能作用。通过任务实施环节的训练，学生能够应用易早餐系统、餐厅库存管理系统、自助点餐系统和智能机器人，进行餐厅数字化备早的操作、安排员工排班，以及数字化核销早餐和收货管理的操作，完成餐厅数字化收货入库、查询库存、仓库收入发出报表和餐厅仓库盘点，以及无人餐厅从打餐到支付等餐饮数字化运营的工作任务。

🍲

实训一　数字化备早

组织学生到当地华住集团旗下的酒店，对餐厅的当日客例、消费记录和购买记录等信息进行调查及分析。应用易早餐系统，分别在移动端和PC端管理后台，收集整理顾客的购早信息，提供给餐厅的厨师团队准确的就餐人数和份数，精确准备所需早餐食材、备品和服务人员，进行备早实操。由餐厅主管和教师检验审核，分析存在的问题，反复练习改进，直到所有技能环节操作准确规范。

实训二　数字化收货管理

组织学生到当地华住集团旗下的酒店餐厅，观摩餐厅员工的收货管理工作。应用餐厅库存管理系统，进行系统内线上采购收货及线下采购收货的实际操作。由餐厅库房主管针对学生的技能操作进行检验审核，分析存在的问题，反复练习改进，直到所有技能环节操作准确规范。

参考文献

［1］郑菊花. 餐饮服务与管理［M］. 北京：清华大学出版社，2019.

［2］施涵蕴. 餐饮管理［M］. 天津：南开大学出版社，2006.

［3］陈为新，黄崎，杨荫稚. 酒店管理信息系统——Opera 系统应用［M］. 2 版. 北京：中国旅游出版社，2016.

［4］汪京强，黄昕. 酒店数字化营销［M］. 武汉：华中科技大学出版社，2022.

［5］李勇平. 饭店餐饮部的运行与管理［M］. 北京：旅游教育出版社，2003.

［6］汪纯孝. 饭店食品和饮料成本控制［M］. 北京：旅游教育出版社，2007.

［7］傅启鹏. 餐饮服务与管理［M］. 北京：高等教育出版社，2002.